La vérité... ou presque

L'auteur

Lauren Brooke a grandi dans un ranch en Virginie et vit à présent en Angleterre, dans le Leicestershire. Elle sut monter à cheval avant même de savoir marcher. Dès l'âge de six ans, elle a régulièrement participé à des concours équestres. Elle fait tous les jours de longues balades à cheval, accompagnée par son mari, vétérinaire spécialiste des chevaux.

Vous aimez les livres de la série

Heartland

Écrivez-nous
pour nous faire partager votre enthousiasme.
Pocket Jeunesse, 12, avenue d'Italie, 75013 Paris.

Heartland

Lauren Brooke

La vérité... ou presque

Traduit de l'anglais par Bertrand Ferrier

POCKET
jeunesse

Titre original :
True Enough

La série « Heartland » a été créée par Working Partners Ltd, Londres.

Heartland™ est une marque déposée appartenant à Working Partners Ltd.
ISBN : 2-266-12132-4

Seule Laura peut comprendre
leur douleur,

seule Laura sait
comment soigner leurs blessures,

seule Laura leur redonnera
confiance en la vie...

Partagez avec elle, à

Heartland

sa passion des chevaux.

Je remercie particulièrement Gill Harvey.

Ce livre est dédié à Gidon Saks, un ami sûr au grand cœur.

1

— Allez, Boxer ! Encore une bouchée !

Le poney bai regarda Laura avec des yeux écarquillés. La jeune fille lui adressa un grand sourire et lui présenta une poignée de mélange spécial poney. Les naseaux de l'animal frémirent quand il s'avança pour flairer la nourriture. Il sembla hésiter. Un instant, Laura crut que la partie était gagnée. Mais non. Boxer secoua la tête et se détourna. Les grains ne l'intéressaient pas.

Le poney était arrivé à Heartland trois jours plus tôt et, depuis, il n'avait presque rien voulu manger.

Laura reposa le mélange. S'approchant du poney, elle lui caressa le chanfrein et lui parla doucement :

— Qu'est-ce qui se passe, Boxer ? Qu'est-ce qui ne va pas ?

Elle l'embrassa sur les naseaux :

— Ah, mon tout beau ! Si seulement tu pouvais parler...

Mais Boxer ne voulait même pas de ses caresses. Il se dégagea et alla vers le fond de son box. Laura soupira. L'attitude du poney était inquiétante. La jeune fille n'arrivait pas à cerner la cause de son problème. Elle allait devoir procéder à tâtons, essayer successivement chacune des techniques que Marion, sa mère, lui avait enseignées pour ce type de comportement. Avec la peur de ne pas trouver à temps la bonne manière de procéder ...

Elle allait sortir du box du poney quand elle aperçut Ted, l'un des deux palefreniers de Heartland, son meilleur ami... et son petit ami depuis six mois. Il arrivait, brandissant une pomme et une carotte.

— Ça donne faim, non ? Franchement, s'il ne mange pas ça, je ne vois pas ce qu'il acceptera d'avaler !

— En tout cas, ça vaut le coup d'essayer, reconnut Laura.

Ted sortit un couteau de sa poche et coupa la pomme en deux.

— Vas-y, propose-lui, ordonna-t-il en lui tendant une moitié. S'il la refuse, je préfère que ce soit toi la coupable...

Laura savait que Ted plaisantait. Il la laissait nourrir Boxer parce qu'il avait senti que la jeune fille en avait très envie. Il la regarda offrir la moitié de pomme au poney, la main tendue. L'animal approcha sa tête et flaira le fruit. Soudain, il se décida, happa la pomme et la mâcha lentement.

— Génial ! s'exclama Laura.

— Eh, bonhomme, c'est pas fini ! protesta Ted en voyant le poney se détourner.

Laura suivit Boxer et lui tendit la deuxième moitié de pomme. Mais le poney la refusa. Il continuait de mâcher sans appétit la première moitié. Laura essaya la carotte sans plus de succès.

— On ne peut pas dire que ce soit un gros mangeur, constata Ted avec tristesse.

— Il a besoin de temps pour s'habituer à son nouveau box, suggéra Laura.

— S'il ne s'est pas habitué en trois jours...

La palefrenier s'interrompit au milieu de

sa phrase. Laura avait compris. Que Boxer ne s'intéresse pas à la nourriture, trois jours après son arrivée, c'était mauvais signe. Très mauvais signe. Bien sûr, chaque animal avait ses particularités. Certains se faisaient très vite au changement et à peine étaient-ils arrivés à Heartland qu'ils se comportaient comme s'ils avaient toujours vécu dans l'écurie. D'autres avaient besoin de plus de temps. Cependant, presque aucun ne refusait toute nourriture pendant trois jours. Ou alors, c'est qu'il y avait quelque chose de vraiment grave. Et, pour Boxer, Laura allait devoir découvrir ce « quelque chose » sans tarder.

La mine soucieuse, la jeune fille laissa Boxer et se dirigea vers le box de Summer Storm, son cheval [1]. Son père l'avait offert à Lou, sa grande sœur, et à elle. Mais Lou recommençait à peine à monter, et Storm n'était pas un cheval pour débutant. Grand, puissant, vif, il semblait toujours prêt à fuser comme l'éclair.

1. Lire, dans la même série, *Une ombre au tableau*, tome 10.

Laura aperçut sa belle tête grise à la porte du box. Ses yeux intelligents brillaient. Dès qu'il l'avisa, il salua sa maîtresse d'un hennissement joyeux. La jeune fille sourit en constatant tout ce qui le séparait de Boxer. Storm était plein de vie ! La seule tâche de Laura consistait à canaliser son énergie, afin qu'il fût en forme samedi pour son premier concours avec sa nouvelle cavalière.

— On va voir ce que tu as dans le ventre, aujourd'hui, d'accord ? dit-elle à Storm en le sellant.

Le cheval souffla doucement et coucha une oreille en signe d'acquiescement. Laura fut certaine qu'il l'avait comprise. Il adorait sauter. Moins d'une semaine après son arrivée, elle participait déjà avec lui à un concours de sauts d'obstacles non classé pour le tester. Le cheval avait fait un sans-faute. Et surtout, sa puissance avait impressionné les spectateurs. John Stillman, l'autre palefrenier de Heartland, avait même taquiné la jeune fille en lui promettant une carrière de championne ! Laura n'en était pas encore là, mais, dans quelques années, pourquoi pas ? Elle amena son cheval au manège et l'échauffa très progressivement. Elle le sentait bouillir d'excitation. Il était fringant et brûlait d'envie de passer au galop ! Dans l'immédiat, il n'en était pas question. Au contraire, Laura l'obligea à marcher au pas, puis à contrôler son rythme et son équilibre. Elle lui demanda d'exécuter de petits exercices sur des obstacles au sol rapprochés, afin de l'obliger à prendre conscience des distances... et pour bien lui faire comprendre qui commandait !

Petit à petit, Laura sentit que Storm se calmait et était plus réceptif à ses ordres. Alors, elle se tourna vers les obstacles qu'elle avait installés. Un même frisson de plaisir réunit cheval et cavalière. Storm prit son élan et attaqua la première barrière. Laura comprit que Storm effacerait l'obstacle sans le moindre souci. En effet, il s'envola et atterrit avec grâce. Les oreilles dressées, tous les sens en alerte, il s'apprêta à aborder le suivant.

— Du calme, Storm, du calme, lui murmura Laura.

L'animal baissa légèrement le cou, comme pour montrer que le message était passé. Puis, bien guidé par sa cavalière, il prit de nouveau son élan et avala l'oxer[1] qui se présentait devant lui. Deux obstacles plus tard, il avait définitivement prouvé trois choses : un, il était en forme ; deux, il était attentif aux ordres de Laura ; trois, il sautait à la perfection !

— Tu es merveilleux, Storm ! s'extasia la jeune fille en lui flattant l'encolure.

Elle le fit passer au trot... sous les applaudissements de John :

— Hé, Laura ! Il est bon, ton canasson !

Laura se tourna vers le palefrenier en feignant d'être outragée :

— Canasson toi-même ! Tu vas voir ce que tu vas voir, samedi !

— J'espère bien ! Si Summer Storm et Rainbow remportent chacun leur compétition, ça va être la gloire, pour Heartland !

Rainbow était le cheval de John. C'était un très bon sauteur, qui avait remporté de nombreux concours dans les environs. Laura savait qu'il était un compétiteur redoutable. Elle avait souvent accompagné

1. Oxer : obstacle comportant trois barres superposées.

John pour l'encourager et le rassurer ; et le jeune homme avait remporté suffisamment de concours pour accéder à la deuxième division. Laura espérait suivre son exemple dans quelque temps. Elle adorait sauter, mais elle ne pouvait pas concourir aussi souvent qu'elle le voulait. D'abord, elle avait le lycée (et toujours des tonnes de devoirs, hélas !) ; ensuite, il fallait qu'elle aide Ted à soigner les chevaux en pension à Heartland. Comprendre leurs problèmes, soulager leurs douleurs, trouver des remèdes qui les guérissent de leurs traumatismes... c'était passionnant, mais cela prenait du temps, *beaucoup* de temps !

Monter Storm et le préparer au concours ne passait qu'après. Cependant, comme Laura adorait son nouveau cheval, elle était prête à tous les sacrifices pour le préparer le mieux possible. Elle se levait donc très tôt, se couchait très tard... et était épuisée. La passion n'empêche pas la fatigue !

Heureusement, les vacances d'été, tant attendues, étaient arrivées. Dans les jours qui venaient, la jeune fille allait enfin souffler un peu. Ça ne serait pas du luxe !

2

Ce soir-là, Jack Bartlett, le grand-père de Laura, avait préparé un potage délicieux. Laura s'en servit un grand bol avant de s'asseoir entre Lou et Ted.

— Raconte ! exigea Jack. Comment ça se passe, avec Summer Storm ?

— Comme dans un rêve ! Storm est phénoménal. J'ai beau surélever les obstacles, il continue de les sauter comme si c'étaient de simples barres au sol !

— Je confirme, déclara John. J'ai vu Laura et Storm, cette après-midi... Impressionnant ! À mon avis, ils vont faire un malheur au jumping junior, samedi.

Laura rougit. Ted lui adressa un sourire. Elle le reconnaissait bien là : prêt à la soutenir quand elle avait besoin de lui, mais jamais à travers de grandes démonstrations affectives, surtout en public.

— C'est une bonne chose que tu sois en vacances, lui dit Lou.

— Oui, j'en ai bien besoin...

— Tu ne trouves pas que tu es un peu trop occupée ? demanda Jack.

Laura fronça les sourcils :

— Comment ça, « trop occupée » ?

— Eh bien, l'école, Heartland, la compétition...

Laura serra les dents. Oui, c'était beaucoup. Seulement voilà : elle s'était promis d'arriver à tout mener de front. Elle l'avait promis à sa mère, par-delà sa mort. Elle réussirait. Il le fallait. Elle n'avait pas le choix.

— Tu as l'air crevée, insista sa grande sœur.

— Je *suis* crevée, avoua Laura. Mais il n'est pas question que j'abandonne Storm... ni Heartland... ni l'école, hélas...

Lou sourit avant de reprendre une mine grave.

— J'ai pensé à quelque chose, expliqua-t-elle. Peut-être que... je ne sais pas si c'est une bonne idée... je propose juste... peut-être que je pourrais donner un coup de main avec les chevaux.

Laura sursauta. Elle s'était attendue à ce que Lou lui suggère de laisser un entraîneur extérieur s'occuper de Storm, ou même d'abandonner la compétition avant que celle-ci ne lui prenne trop de temps, mais certainement pas qu'elle-même s'investisse davantage dans la vie de Heartland !

— Je ne vois pas comment nous pourrions nous en sortir autrement, reprit Lou. Toi, tu ne tiendras pas longtemps à ce régime. Dès que les cours reprendront, tu seras débordée. Quant à embaucher un autre palefrenier, inutile d'y penser : nous n'aurions pas de quoi le payer ! Je crois que la seule solution, c'est que je mette la main à la pâte à mon tour.

Lou mettait déjà la main à la pâte, et pas qu'un peu. Sans elle, Heartland aurait disparu depuis belle lurette – depuis la mort de Marion, en fait. Grâce à ses connaissances en comptabilité et à son sens des affaires, Lou avait sauvé le ranch de la faillite.

Mais la situation restait précaire, et chacun, à cette table, en était conscient.

Combien de fois Laura aurait aimé que sa sœur sorte de son bureau pour l'aider à balayer l'écurie, à changer la paille des box, à chercher des ballots frais, à étriller les chevaux, à leur faire faire leurs exercices, à les mener au pré ou à les en ramener ? Malheureusement, depuis l'accident de leur père, Lou avait trop peur des chevaux pour s'en approcher aussi facilement que sa sœur. Laura savait qu'elle se démenait à sa manière pour assurer la survie de Heartland.

Tim, leur père, qui vivait en Australie, n'avait pas compris la situation. Quand il avait découvert que Lou avait arrêté de monter, il s'était mis en colère. Passionné d'équitation, ancien champion de saut d'obstacles, il n'admettait pas qu'une de ses filles ne partage pas sa passion. D'autant que Lou avait monté, jadis, et qu'elle avait adoré ça...

Quand Tim avait offert Summer Storm à ses deux filles, Laura avait d'abord pensé qu'il aiderait Lou à se réconcilier avec l'équitation. Dès qu'elle avait vu Storm, elle avait compris qu'elle s'était trompée du tout au tout. Et maintenant, voilà que ce cheval allait obliger Lou à travailler davantage sans lui apporter aucune joie en compensation !

— Non, Lou, pas question, protesta Laura. On va s'en sortir. C'est juste une question d'organisation. Une fois qu'on sera rodés, tout marchera comme sur des roulettes !

— Mouais... Pour le moment, je t'avoue que je suis inquiète. Notre liste d'attente s'allonge de jour en jour.

— C'est plutôt bon signe, non ?

— Hum, oui et non. C'est bon parce que ça montre que les gens ont confiance en nous ; mais c'est mauvais parce que les clients risquent de se lasser.

— Sans compter qu'ils vont finir par se dire qu'on n'a pas de place parce qu'on ne sait pas guérir les chevaux, compléta Grand-père. Y a-t-il des chevaux qui vont bientôt quitter Heartland ? Est-ce qu'on peut placer Boxer, par exemple ?

— Non, pas Boxer, dit Laura en lançant un regard inquiet à Ted.

Boxer était arrivé à Heartland parce que sa propriétaire, Ruth Adams, pour une raison inconnue, n'était plus en mesure s'occuper de lui. Or, depuis que le poney était là, il n'allait pas bien du tout ...

— Il ne s'alimente pas correctement, expliqua la jeune fille. Vu son état, c'est difficile de lui trouver un nouveau maître.

— C'est une leçon à retenir pour l'avenir, observa Lou d'un ton agacé. Nous ne sommes pas des négociants. Nous n'avons pas à accepter des chevaux qui n'ont pas *a priori* besoin de traitements.

— Je sais...

— N'empêche qu'avec Sundance, Rainbow et Summer Storm, trois stalles de Heartland sont occupées par des chevaux qui vont bien, rappela la jeune femme. En principe, les chevaux ne font que passer !

— Si c'est un problème pour vous... commença John.

— Non, John. Toi et Rainbow, vous êtes les bienvenus à Heartland, corrigea Lou. Ce que je veux dire, c'est que nous devons tous être plus efficaces.

— Boxer est arrivé dimanche, rappela Grand-père. Cela fait trois jours. Pourquoi n'est-il pas guéri ?

— Parce qu'on ignore encore de quoi il souffre au juste, répondit Ted. Comment pourrait-on le guérir ?

— Je croyais qu'il ne se nourrissait pas correctement...

— C'est le symptôme le plus manifeste, mais il n'y a pas que ça, objecta le palefrenier. Il est triste. Il semble avoir perdu goût à la vie.

— Qu'en dit Scott ?

Scott était le vétérinaire du ranch... et le fiancé de Lou.

— Il ne l'a pas encore examiné.

— Bon, eh bien, qu'il l'examine au plus vite, conclut Lou. S'il ne trouve rien, il signera un certificat et, en deux coups de cuillère à pot, on lui dénichera une gentille maîtresse pour qu'il se refasse un moral. Des petites filles qui cherchent un poney, ce n'est pas ça qui manque !

Laura acquiesça. Pourtant, elle se souvenait du regard abattu de Boxer. Elle le revoyait refuser le mélange spécial poney, la deuxième moitié de pomme et la carotte. Elle sentait que les choses ne seraient pas aussi simples que l'espérait Lou. Et, au moins sur ce point, son intuition la trompait rarement.

Le dîner s'achevait. Laura et Ted décidèrent de jeter un dernier coup d'œil sur les box. Ils sortirent dans la cour. La nuit était tombée. C'était une belle nuit d'été, chaude et sans nuage. Tout là-haut dans le ciel, les étoiles scintillaient, formant des enseignes mystérieuses au fronton de l'infini.

Laura laissa Ted s'occuper de l'inspection pendant qu'elle préparait une infusion d'armoise dans un seau. D'après Marion, cette herbe était censée ouvrir l'appétit. Une fois la tisane prête, Laura se rendit auprès de Boxer et lui présenta la boisson. Ted la rejoignit à ce moment-là. Il passa un bras autour des épaules de la jeune fille. Serrés l'un contre l'autre, les amoureux regardèrent le poney renifler le liquide tiède. Il se pencha pour en boire une gorgée avant de se détourner.

— Ça ne marche pas, hein ? murmura Ted.

Laura hocha la tête. Qu'est-ce qui pourrait inciter Boxer à s'alimenter ?

Un courant d'air chaud se perdit dans ses cheveux. Cela lui donna une idée.

— Et si on le mettait dehors ? suggéra-t-elle. Il n'a peut-être pas l'habitude d'être enfermé.

— Pourquoi pas ? On essayera demain, dès que Scott l'aura examiné, approuva Ted.

Il se tut avant d'ajouter :

— Espérons juste que ce petit bonhomme n'a rien de grave...

Laura s'avança pour caresser Boxer. Le poney se laissa faire sans protester.

Ensuite, les jeunes gens reprirent le chemin de la maison. Laura était triste et inquiète. Elle détestait voir un cheval malheureux. Jamais, jusqu'à présent, un pensionnaire n'était reparti de Heartland sans que le problème qui l'y avait amené ait été traité. Mais il n'était pas impossible qu'un jour Laura échoue à comprendre la souffrance d'un cheval et à le guérir. Pourvu que Boxer ne soit pas celui-là !

3

Aujourd'hui, c'était le grand jour : Laura allait participer à son premier concours de saut d'obstacles avec Storm !

— Dès que je peux me libérer, je viens, lui avait promis Ted. Après tout, Standbridge n'est qu'à vingt minutes de route...

La jeune fille ferma les yeux. Pour le moment, elle était seule avec John, qui garait le van.

— Ça va ? lui demanda celui-ci en coupant le moteur.

— Oui, oui...

— La pression monte ?

— Exactement.

— C'est bon signe. Tu m'aides à descendre les chevaux ?

Laura acquiesça et sortit de la cabine pour mettre la rampe en place et ouvrir les portes. Ils firent sortir Summer Storm et Rainbow et leur ôtèrent leurs protections de voyage.

Storm semblait ravi d'être là. Les yeux brillants, il observait autour de lui le va-et-vient des autres vans, des chevaux et de leurs cavaliers. C'était un compétiteur né. L'ambiance des concours, loin de l'inquiéter, lui convenait et le stimulait. Laura le confia à John pendant qu'elle récupérait leurs dossards au stand des inscriptions.

— Tu passes dans les premiers, lui annonça-t-elle à son retour.

Celui-ci ne parut pas inquiet. En cavalier expérimenté, il était prêt à toutes les éventualités. Il prit son numéro et s'éloigna pour échauffer Rainbow. En voyant son compagnon s'éloigner, Summer Storm renâcla : lui aussi voulait sauter !

— Du calme, mon tout beau..., murmura Laura en caressant le chanfrein de son cheval.

Celui-ci la fixa droit dans les yeux avant

de lui donner un petit coup de tête sur l'épaule.

— Bon, d'accord, tu as gagné : on va s'échauffer maintenant.

Elle le prit par la longe et l'entraîna vers le manège. Storm hennit joyeusement à la vue des obstacles. Mais Laura n'y prêta pas attention. Elle venait d'apercevoir sa pire ennemie, l'odieuse Angela Gorst.

Angela allait en cours dans le même lycée que Laura. Elle était très jolie, très riche et très dédaigneuse du travail que Laura accomplissait à Heartland. Sa mère, Valery Gorst, possédait une écurie appelée Yellow Sun, où elle utilisait la contrainte et la force pour dresser ses pensionnaires. Mais voilà : Angela avait beau être une insupportable petite prétentieuse, elle était aussi une cavalière très douée. Valery l'avait récompensée de ses bonnes performances en lui offrant un superbe cheval de concours, un splendide danois nommé Magie Blanche. Angela avait cru être débarrassée de Laura : jusqu'à une période récente, celle-ci n'avait que son poney Sundance pour concourir ! Mais depuis que Tim lui avait offert Summer

Storm, la jeune fille pouvait s'aligner dans les mêmes concours qu'Angela. Et la bataille entre les deux promettait d'être terrible !

Angela emmenait Magie Blanche vers les obstacles. Ses cheveux blond doré étaient impeccablement tirés en arrière ; ses vêtements étaient immaculés ; son cheval était étrillé de frais. Le cavalier et sa monture formaient un couple parfait. « Trop parfait », songea Laura. Angela était consciente de sa beauté et de sa chance. Elle pensait que cela lui donnait le droit de mépriser les autres cavaliers.

Pourtant, son assurance pouvait lui jouer des tours. Laura remarqua ainsi que les obstacles qu'Angela s'apprêtait à franchir étaient bien trop hauts pour un tour d'échauffement. Elle savait pourquoi son ennemie s'y attaquait : Angela espérait démoraliser les adversaires qui la regardaient. Laura n'était pas partisane de ce genre de manœuvres. Elle préférait chauffer doucement les muscles de Summer Storm, puis monter en puissance et mettre le cheval en confiance avec des premières barres faciles. La suite de la compétition dirait qui, de Laura ou d'Angela, avait choisi la bonne méthode.

Pour le moment, Laura se sentait bien. Son adversaire semblait avoir quelques difficultés à contrôler sa monture. Magie Blanche avait mal pris son élan. L'alezan piétina devant l'obstacle avant de prendre son envol. Malgré un appel limite, il avala la barrière sans la frôler. Détente impeccable, réception parfaite... Il allait être difficile à battre !

— Bon, il sait sauter, murmura Laura en caressant l'encolure de Summer Storm. Et alors ? Toi aussi, non ? Et puis, toi, tu aimes ça, alors que lui, il n'a pas l'air de s'amuser...

Elle grimpa sur la selle et conduisit son cheval de l'autre côté du manège. Là, elle le fit trotter en cercle. Ensuite, elle lui demanda de dessiner des huit. Quand elle eut l'impression qu'il commençait à être dans le rythme, elle le conduisit vers des obstacles bas qu'il avala avec aisance.

— Ha, ha ! Tu as peur de t'attaquer à de *vraies* barres ? ricana quelqu'un dans son dos.

C'était Angela. La peste continua :

— Remarque, ça ne m'étonne pas. Vous n'avez jamais eu le goût du succès, à Heartland. Vous trouvez que c'est beaucoup plus chic d'être de petits joueurs avec de petits moyens et de petits résultats...

Laura haussa les épaules. Angela était tellement prévisible ! Son répertoire était si limité qu'elle était obligée de lancer toujours les mêmes piques. Laura préféra l'ignorer. Elle tapota l'encolure de Storm et lui souffla à l'oreille :

— On lui répondra tout à l'heure, hein ?

Le cheval secoua doucement la tête, comme pour manifester son accord. Laura continua de l'échauffer tranquillement, puis elle le ramena dans l'enclos. Elle s'installa ensuite dans les tribunes pour assister au passage de John.

Quand la sonnerie retentit, le jeune homme s'élança avec Rainbow, le visage décidé.

— Allez, John ! cria Laura.

Rainbow attaqua son parcours tambour battant, bien guidé par son cavalier. Saut après saut, il ne commit aucune erreur et il termina par un galop enlevé. Le passage parfait ! Laura applaudit à tout rompre, avant d'aller féliciter de vive voix son ami.

— Il a été bon, non ? lâcha John en faisant marcher Rainbow.

Laura sourit. C'était ce qu'elle aimait en John : il était toujours admiratif de son cheval quand il ne récoltait aucun point de pénalité... alors qu'une partie de cette réussite lui revenait !

— Vous avez été géniaux, confirma la jeune fille.

— Tu n'as plus qu'à nous imiter !

— Vous avez mis la barre très haut, tous les deux, mais on va essayer d'être aussi bons que vous ! promit Laura.

Elle tint sa promesse. La performance de Summer Storm fut aussi convaincante que celle de Rainbow. Concentré, volontaire, à l'écoute de sa cavalière, le cheval bai réussit un sans-faute qui permettait à Laura de passer au tour suivant. La jeune fille était ravie pour Storm, pour elle... et pour Angela. Les représentants de Heartland avaient peut-être de plus petits moyens et une attitude moins arrogante que les cavaliers de Yellow

Sun, mais cela leur réussissait ! Restait à confirmer le résultat par deux victoires... et que ça saute !

— En attendant la suite, je vais nous chercher un truc à manger, si ça te dit, proposa John.

— Volontiers ! fit Laura.

Elle resta dans les tribunes pour voir passer ses adversaires. Lorsque John la rejoignit, Angela venait d'entrer dans le manège. Magie Blanche parut fatigué à Laura. De l'écume coulait de sa bouche, et sa cavalière ne semblait pas s'en apercevoir. Tendue, elle tenait ses rênes trop serrées. Le cheval en fut déséquilibré. Son premier saut manqua d'assurance et les sabots de ses antérieurs frôlèrent la barre. La réception fut catastrophique. L'animal accéléra pour se rattraper. Sa cavalière se crispa devant le deuxième obstacle. Magie Blanche bondit en avant et sauta cette fois beaucoup trop haut.

— Ils ne sont pas dans le bon tempo, souffla Laura à John.

— Tu sais quel est leur problème ? Le cheval n'a pas la gnaque.

— La quoi ?

— L'envie, si tu préfères. Il n'est pas à fond dans la compétition. Et il va le payer.

Le troisième obstacle était un mur. Il était placé juste devant Laura et John. *A priori*, rien de très compliqué : l'obstacle n'était pas particulièrement haut. Encore fallait-il bien juger son élan, car le faire tomber représentait un risque important pour le cheval. Haletant, Magie Blanche se présenta devant le mur. Angela se leva sur ses étriers et se pencha en avant, anticipant sur ce qui allait se passer... mais Magie Blanche refusa de sauter.

Incapable de se retenir, Angela passa par-dessus l'encolure de sa monture et heurta le mur. Le bruit que fit le choc arracha un « oh ! » paniqué aux spectateurs. Instinctivement, Laura se précipita pour attraper Magie Blanche. Les organisateurs coururent vers Angela. Celle-ci se releva, tremblante et pâle comme la mort. Apparemment, elle n'était pas blessée.

Pendant que l'on reconstruisait le mur, Laura s'approcha de sa pire ennemie et lui tendit les rênes de Magie Blanche. Elle s'attendait à ce qu'Angela les saisisse et reprenne son parcours. Mais la cavalière ne semblait pas en état de s'occuper de son cheval, et encore moins de reprendre la compétition là où elle l'avait laissée. Appuyée contre son cheval, elle cherchait son souffle et paraissait K. O. debout. Un organisateur s'empara d'autorité des rênes de Magie Blanche. Angela ne protesta pas. Lorsqu'un chronométreur lui prit le bras pour l'entraîner hors du manège, elle ne résista pas davantage et s'éloigna sous les applaudissements du public.

— Elle est sous le choc, murmura Laura à John, qui l'avait rejointe.

— Elle s'est pris une belle gamelle, confirma le jeune homme.

— Ce n'est pas la faute du cheval.

— Non, il avait l'air à bout. On ne peut pas lui reprocher son refus.

Laura soupira :

— J'ai beau savoir que c'est Angela, je préférerais être sûre qu'elle va bien. Je vais voir si elle a récupéré.

— Je t'accompagne, dit simplement John.

4

Un spectacle pénible attendait John et Laura. À l'entrée du manège d'entraînement, Valery Gorst sermonnait sa fille en tenant Magie Blanche par les rênes.

— Est-ce que tu as une idée de ce que vaut ce cheval ? hurlait Valery. Est-ce que tu sais combien je l'ai payé ? Et est-ce que tu t'imagines que j'ai dépensé une fortune pour que tu ne termines même pas la compétition ?

Tête baissée, Angela restait silencieuse.

— Et maintenant, tu prends ce cheval et tu me montres comment tu passes ces obstacles !

Angela releva lentement la tête. Sa mère lui tendit les rênes de Magie Blanche :

— Allez ! Dépêche-toi ! Tu as été mauvaise, tu as été lâche, tu m'as fait honte ! Alors, au travail. Monte.

— Je... je ne peux pas..., bégaya Angela.

— Est-ce que je te donne le choix ? Est-ce que je te demande si tu peux monter ?

— N... non...

— Eh non, en effet ! Je te dis de le faire, alors tu m'obéis !

Laura frissonna : le comportement de Valery glaçait les sangs. C'était l'esprit Yellow Sun dans toute son horreur : les chevaux valent beaucoup d'argent ; il faut donc les rentabiliser ; et, puisqu'il s'agit d'argent, il n'y a pas de place pour les sentiments.

— Je ne peux pas, répéta pourtant Angela.

Sa mère la fusilla du regard.

— Tu me paieras ça, lâcha-t-elle en tournant les talons, suivie de Magie Blanche.

Laura s'avança vers Angela et lui prit le bras.

— Laisse-moi, protesta la jeune fille en essayant faiblement de se dégager.

— Non, répondit Laura. Tu n'es pas

bien. On ne peut pas te laisser dans cet état. Je t'emmène à l'infirmerie.

John lui prit l'autre bras. Angela ferma les yeux et cessa de se débattre. Les deux amis soutinrent la jeune fille jusqu'à la tente, où une infirmière l'aida à s'étendre sur un lit de camp.

— Ma... ma mère... Il faut... la prévenir...

— Repose-toi. Je m'en occupe, lui dit Laura.

Elle sortit avec John. L'infirmière les rattrappa.

— Ça ne m'a pas l'air bien grave, affirma-t-elle. On va vérifier, mais, tout ça sera sans doute oublié après un peu de repos.

Les jeunes gens la remercièrent et filèrent informer Valery que sa fille se trouvait à l'infirmerie.

— À l'infirmerie ? grogna la patronne de Yellow Sun. Mais qu'est-ce qu'elle fiche là-bas ?

Et elle s'éloigna sans un mot de plus vers l'enclos réservé à son écurie. Un jeune homme vint à sa rencontre. Laura le reconnut : c'était Daniel.

Elle le connaissait bien. Elle l'avait rencontré dans des concours de saut d'obstacles où elle accompagnait John. Daniel montait Ambre de Feu, une jument rouanne étonnante. Il semblait bien parti pour intégrer le ranch prestigieux de Brad Shaffer, quand Ambre avait eu un accident mortel, lors d'un concours. Daniel n'avait finalement pas été retenu par Brad, et il avait même perdu son travail de palefrenier chez un négociant de chevaux. Il avait retrouvé un poste... à Yellow Sun, au grand désespoir de Laura[1].

Valery tendit les rênes de Magie Blanche à Daniel. Le jeune homme commença de s'occuper du cheval tandis que la femme poursuivait son chemin.

— Je vais voir Daniel, dit Laura à John.

— Tu n'as pas le temps. On passe bientôt.

Laura regarda sa montre. John avait raison. Avec toutes ces émotions, elle avait presque oublié qu'elle allait devoir se battre pour remporter son premier concours avec

1. Lire, dans la même série, *Une ombre au tableau*, tome 10.

Storm. Ils se dirigèrent ensemble vers l'enclos où étaient Summer Storm et Rainbow. Puis ils se séparèrent. Leurs heures de passage étant proches, ils ne pourraient pas s'encourager mutuellement, mais Laura promit à John de le retrouver à son manège dès qu'elle aurait fini.

Ensuite, elle fit le vide en elle. Pour bien concourir, il fallait être entièrement focalisé sur son but : déterminer la bonne trajectoire et le bon rythme pour son cheval, et trouver le juste milieu entre vitesse et précision. Car tout l'art du cavalier était là : aller vite sans pousser sa monture à la faute.

Quand elle sentit qu'elle était concentrée, Laura sella Summer Storm et le conduisit dans le manège d'entraînement pour l'échauffer. Là, elle répéta pour la dix millième fois de sa vie (au moins !) les gestes de base. Elle fut rassurée en découvrant que son cheval était toujours en forme et à son écoute. Il savait que la victoire était à sa portée, elle en était persuadée, et elle espérait bien l'y emmener. Il la méritait !

Quelques minutes avant son passage, elle aperçut quelqu'un qui lui adressait de grands signes. C'était Ted ! Elle mit Storm au trot et rejoignit son petit ami.

— Ted ! Merci d'être venu !

— Ça se passe bien, pour le moment ?

— Oui, super bien ! J'ai fait un sans-faute sur le premier passage. John aussi. Je dois repasser dans quelques minutes.

— Tu te sens comment ?

— Un peu stressée, mais c'est normal, je suppose...

— C'est tout à fait normal, confirma Ted en lui serrant le bras. Je vais dans les tribunes pour t'admirer.

Il se tourna vers Storm et lui dit avec sérieux :

— Je compte sur toi, vieux.

Le cheval lui répondit en hennissant. Le cœur battant la chamade, Laura se dirigea vers le départ. Sept obstacles seulement les attendaient, mais ils étaient plus hauts qu'au premier tour. C'était sans importance : dès qu'elle entra dans le manège, elle fut certaine que tout se passerait bien. Storm coucha les oreilles et adopta un trot rapide pour attaquer le premier obstacle, un oxer vert et blanc. Laura l'incita à accélérer en veillant à ne pas le déséquilibrer : elle devait d'abord assurer le sans-faute, ensuite penser au temps. Elle était sereine. Elle avait raison. Storm s'éleva et effaça l'oxer. Les six autres obstacles furent avalés avec la même facilité.

— Laura Fleming sur Summer Storm vient d'en terminer, annonça le présentateur. Zéro faute. Temps : une minute vingt.

Laura salua les spectateurs qui l'applaudissaient et sortit du manège. Elle était heureuse. Quel que soit le résultat définitif de son concours, elle s'en était bien tirée. Un sans-faute, et dans un bon temps : que pouvait-elle espérer de plus ?

« La victoire », lui souffla son petit doigt. Oui, bien sûr, la victoire... On verrait dans quelques minutes. Pour le moment, elle devait ramener sa monture au calme.

— Bravo ! s'exclama Ted en venant à sa rencontre. Tu as été géniale !

— Storm n'a pas été mauvais non plus, lança la jeune fille en riant.

— Bien sûr...

Le palefrenier caressa l'encolure du cheval bai et lui souffla :

— Tu as fait du bon boulot, mon gars. Merci !

Summer Storm hocha la tête en soufflant. Apparemment, constata Laura, le courant passait bien entre son cheval et son petit ami !

— On va voir John ? proposa Ted.

— Vas-y, toi. Je ramène Storm dans l'enclos et je te rejoins.

Cinq minutes plus tard, les jeunes gens se retrouvèrent dans les tribunes. Ils assistèrent à la fin de parcours d'un candidat qui totalisa quatre barres tombées. Seize points de pénalité ! C'était beaucoup. Mais les obstacles, en deuxième division, étaient très hauts. Une petite erreur d'inattention, et une barre tombait. Après, il fallait remettre le cheval sur les rails, et ce n'était pas facile !

John entra en lice juste après. Laura admira la concentration du jeune homme. Il était droit sur sa selle, le visage tendu et volontaire. Il avait fait le vide en lui et avait consciencieusement échauffé Rainbow : dès les premières foulées, le cheval trouva le rythme. Il attaqua son parcours avec un enthousiasme qui tranchait sur l'attitude de

Magie Blanche avant l'accident d'Angela. Mais, en compétition, l'enthousiasme est à double tranchant ; Rainbow ne tarda pas à le prouver. Emporté par son élan et déjà prêt à avaler la dernière ligne droite, le cheval de John laissa traîner ses antérieurs sur le dernier obstacle.

— Non ! gémit Laura.

Une barre tomba. Le duo récolta quatre points de pénalité. Pourtant, John ne parut pas abattu.

— Ce n'est pas passé loin, constata Ted, lorsque les trois amis furent réunis hors du manège.

— Non, en effet, reconnut John. Mais bon, on ne peut pas gagner à chaque fois, sinon il n'y aurait pas de suspense ! Après tout, ça faisait des siècles que je rêvais de concourir à ce niveau. J'y ai cru un poil trop tôt et, résultat, je me suis gamellé comme un débutant ! Enfin, l'important, c'est qu'il reste un cheval de Heartland en course pour la victoire, hein ?

Laura rougit. John fit marcher Rainbow pour qu'il récupère. Puis les trois jeunes gens rejoignirent le manège, où les deux derniers concurrents en lice pour le jumping junior allaient tenter de l'emporter. Actuellement, deux autres cavaliers avaient réussi un sans-faute, mais un seul avait obtenu un meilleur temps que celui de Laura. La jeune fille allait peut-être frapper un grand coup : entrer dans le tiercé gagnant de son premier concours de saut d'obstacles !

L'avant-dernière cavalière à passer, une certaine Marine Hendy, n'eut pas de chance. Avec deux barres tombées et un refus, son cheval pie et elle récoltèrent onze points de pénalité. Ils pouvaient dire adieu à la victoire. À présent, quoi qu'il arrive, Laura serait au moins troisième. John poussa un cri de joie :

— Tu vas peut-être faire deux !

Pas sûr : la dernière candidate – « Jessica Bailey, sur Mahogany », annonça le présentateur – semblait redoutable. Les yeux fixés sur le parcours qui l'attendait, le visage fermé, la mine volontaire, elle montait un trakhener découplé comme un pur-sang arabe.

— Elle, au moins, c'est clair : elle n'est pas là pour plaisanter, constata John.

Laura acquiesça et sentit son ventre se nouer. La suite des événements justifia son appréhension : Mahogany volait au-dessus des obstacles. Par chance, cette facilité coûta la deuxième place à sa cavalière, qui oublia de presser son cheval. Et la sanction tomba :

— Une minute vingt-cinq, dit le présentateur.

Pour cinq secondes, Laura conservait sa deuxième place. John poussa un hurlement de triomphe et serra la vice-championne dans ses bras comme si elle venait de remporter une épreuve olympique. Ted sourit à Laura et l'embrassa sur les deux joues. Pas plus. Il ne comprenait pas l'excitation que procurait la compétition. Laura savait qu'elle ne le changerait pas. Cela ne la désespérait pas pour autant : elle était prête à accepter cette indifférence par amour pour lui.

Un quart d'heure plus tard, le clan Heartland plia bagage. Laura et Ted mirent leurs protections de voyage à Rainbow et Summer Storm. John fit monter les chevaux dans le van.

— Ne m'attendez pas, leur dit-il. Je ramène les chevaux tranquillou. Ça ne sert à rien qu'on fasse un convoi jusqu'au ranch. Passez devant, j'arrive.

— Merci, mais..., commença Ted.

— Hé, je ne t'ai pas demandé ton avis, Ted ! Pour une fois, c'est moi qui commande. Alors, tu prends Laura dans ton pick-up, vous filez tous les deux et on se retrouve à Heartland, d'accord ?

— Bien, chef, répondit Ted en éclatant de rire. À vos ordres, chef. Tout de suite, chef.

— Et merci, chef, ajouta Laura.

Dès que les deux véhicules se retrouvèrent sur la route, Ted accéléra et, bientôt, le van disparut de son rétroviseur.

— Scott est venu voir Boxer ce matin, annonça-t-il à Laura.

— Alors ?

— Tout va bien, hélas.

— Pourquoi « hélas » ?

— Parce que la solution ne viendra pas d'un médicament miracle.

— Il va falloir qu'on se creuse les méninges... Pas question de le laisser quitter Heartland tant qu'il n'est pas guéri.

— Non. D'ailleurs, personne n'en voudrait, dans cet état.

Laura hocha la tête et regarda le paysage défiler par la vitre. Elle allait devoir passer plus de temps avec Boxer, dans les prochains jours. Grâce aux vacances, elle pouvait s'occuper davantage des chevaux. De tous les chevaux. Dont Storm. Et elle essaierait d'être plus souvent seule avec Ted. Elle en avait besoin.

À peine s'était-elle fait cette réflexion qu'elle aperçut la maison des parents de Ted sur leur droite.

— Ted ! Si on allait rendre visite à tes parents ?

— À mes parents ?

— Oui ! Je serais si contente de les rencontrer !

Le jeune homme ralentit.

— Pourquoi pas ? murmura-t-il. Ç'aurait été une bonne idée. Malheureusement, nous n'avons pas le temps.

Il accéléra brusquement, comme s'il venait de prendre une décision.

— On est pressés ? s'étonna Laura.

— Si on s'arrête, on risque d'être en retard pour donner leur repas du soir aux chevaux.

— On n'est pas obligés de rester des siècles.

— Même...

Une idée traversa l'esprit de Laura :

— Est-ce qu'ils sont au courant, pour nous deux ?

— Bien sûr ! affirma Ted sans quitter la route des yeux. Écoute, Laura, ça n'a rien à voir avec toi, c'est juste que... que mon père n'est pas là et que ma mère n'aime pas les visites-surprises. Elle est gênée, elle préfère se préparer, briquer le salon, ranger... Enfin, tu vois, quoi...

Un silence embarrassé suivit cet énorme mensonge.

— Une autre fois, peut-être ?

Laura grimaça :

— Ouais, c'est ça... Une autre fois... Avec grand plaisir.

Pourquoi Ted refusait-il de lui faire rencontrer ses parents ? Avait-il honte d'elle ? Peut-être ne leur avait-il pas avoué qu'il sortait avec la petite-fille de son patron... Laura chercha une autre manière d'aborder la question avec Ted. Elle n'en trouva pas. Elle n'avait plus qu'à attendre « une autre fois ». Mais elle sentait que ce ne serait pas pour tout de suite.

5

— Je prends Dancer, annonça Lou le lendemain après-midi. Je me sens bien avec elle.

— D'accord. Moi, je monterai Major : un peu d'exercice ne lui fera pas de mal. Depuis qu'on le bichonne, lui, il se met à ressembler davantage à une grosse barrique qu'à un cheval !

Les deux sœurs avaient décidé d'aller se balader. Elles se dirigèrent vers l'enclos où les chevaux de Heartland paissaient paisiblement. La main en visière pour se protéger du soleil, Laura contempla la scène avec émotion. Son petit chéri, Summer Storm, était allongé à côté de Sugarfoot. Le cheval bai s'était très tôt entiché du poney Shetland, arrivé à Heartland dans des circonstances dramatiques : Mme Bell, sa propriétaire était décédée, et personne ne savait que faire de l'animal [1]. À Heartland, Sugarfoot avait peu à peu repris goût à la vie. Et, maintenant, il avait même trouvé un ami !

Plus loin, Rainbow, Jasmine et Spring jouaient ensemble. Seul un poney faisait bande à part. C'était Boxer. La tête pendante, le regard triste, il était là, immobile, en plein soleil.

— Il n'a pas l'air heureux, constata Lou.

— Non, c'est le moins que l'on puisse dire. Et pourtant, il est ici depuis une semaine. Il aurait dû s'habituer...

— Je ne comprends pas : Scott a pourtant dit qu'il allait bien !

— Il a dit que rien ne clochait physiquement. Mais mentalement, quelque chose ne colle pas. J'appellerai Ruth Adams tout à l'heure.

Dès que les sœurs furent rentrées de promenade, Laura téléphona à Ruth.

— Ferme de Saddleback, bonjour ?

1. Lire, dans la même série, *Je reste !*, tome 1.

— Ruth ? Ici, Laura Fleming, de Heartland. Je désirerais vous poser quelques questions à propos de Boxer.

— Pourquoi ? Il y a un souci ?

— Eh bien... Disons qu'il a du mal à se faire à son nouvel environnement. Alors, j'aurais aimé savoir un peu quelle était son histoire. Peut-être que ceci expliquerait cela...

— Je ne vois pas ce que tu veux dire. La seule chose dont je sois sûre et certaine, c'est que, tant qu'il était ici, il était en bonne santé.

Laura était étonnée : en l'espace de quelques répliques, le ton de Ruth était devenu presque agressif.

— Je n'en doute pas, affirma-t-elle. Mais je pensais que vous pourriez m'aider à comprendre son attitude. Était-il attaché à quelqu'un en particulier ?

— Oh, j'imagine que Henry doit lui manquer...

— Henry ?

— C'est mon père. Boxer était à lui.

Laura allait de surprise en surprise. Ruth n'avait jamais évoqué son père, jusque-là.

C'était sans doute un sujet sensible, et Laura chercha les mots justes pour ne pas froisser son interlocutrice :

— Est-ce que votre père sait que Boxer est à Heartland ?

— Évidemment ! s'écria Ruth. Qu'est-ce que vous vous imaginez ? Mais, il se fait vieux ... Il n'a pas monté depuis des siècles. Il était temps que Boxer s'en aille... Et maintenant, vous voudrez bien m'excuser mais il faut que je file. J'allais sortir quand vous m'avez appelée.

— Un instant ! Est-ce que Henry et Boxer passaient beaucoup de temps ensemble ?

— Pfff... Qu'est-ce que vous voulez que je vous dise ? C'est combien, « beaucoup de temps » ? Henry était le propriétaire de Boxer, tirez-en les conclusions que vous voulez. Sur ce, au revoir.

Et Ruth raccrocha.

Laura fronça les sourcils. À l'évidence, Ruth lui cachait une partie de la vérité. Elle rejoignit Ted à la réserve. Le palefrenier avait entrepris de préparer les rations pour le repas du soir.

— Je prends un peu d'avance, expliqua-t-il. Ensuite, je rentrerai les chevaux.

Laura opina en silence.

— Ça n'a pas l'air d'aller, constata son ami.

— Je viens d'avoir Ruth Adams au bout du fil.

— La propriétaire de Boxer ?

— Non, justement, ce n'était pas elle la propriétaire. Boxer n'était pas son poney, mais celui de son père, Henry.

— Et où est le problème ?

— Je crois que Henry ne sait même pas que Boxer est ici.

— Hein ?

Laura confirma d'un hochement de tête.

— Ce n'est pas impossible qu'il faille chercher de ce côté, commenta Ted. Son comportement me rappelle celui de Sugarfoot et de Pegasus. Or, ces chevaux étaient tous les deux en dépression parce qu'ils avaient compris qu'ils ne reverraient plus leurs maîtresses.

Laura grimaça. Ted avait raison. Sugarfoot n'avait repris goût à la vie qu'à partir du moment où Lou s'était mise à lui fredonner les mêmes chansons que Mme Bell. Quant à Pegasus... Pauvre Pegasus... Après l'accident qui avait mis fin à la carrière de Tim, Marion s'était occupée tendrement du cheval à Heartland. Lorsque la mère de Laura avait disparu dans son terrible accident de voiture, le cheval avait développé un cancer et, triste à mourir, s'était laissé emporter par la maladie. Laura ne s'en était jamais remise tout à fait. Pegasus était si merveilleux ! Elle le connaissait si bien ! Chaque jour, elle passait devant sa tombe et avait une pensée pour lui.

— Il y a une différence entre Boxer et les autres, objecta-t-elle quand la boule qui s'était formée dans sa gorge se fut dissipée.

— Laquelle ? demanda Ted.

— Henry n'est pas mort. Pourquoi s'est-il séparé de Boxer, s'il était si attaché à lui ?

— Tu as dit toi-même qu'il n'était peut-être pas au courant.

— Je ne sais pas exactement à quoi m'en tenir, avoua Laura. Ruth n'a pas voulu m'aider. J'ai dû lui arracher chaque mot de la bouche. Une chose est sûre : il faut qu'on ait une petite discussion avec Henry.

Dès que les mélanges furent prêts, les deux amis se dirigèrent vers l'enclos pour rentrer les chevaux. Laura constata que ses espoirs avaient été déçus : même au grand air, Boxer ne s'était pas épanoui. Il était resté immobile toute la journée, indifférent à ce qui se passait autour de lui.

— Viens, bonhomme, lui dit Laura en l'entraînant vers son box. Je vais te masser.

Tandis que Ted rentrait Summer Storm et Sugarfoot, Laura mit ses deux paumes sur le chanfrein du poney. Celui-ci ne réagit pas. Alors, elle entreprit de le masser. Avec ses doigts, elle dessina des cercles concentriques sur le front de l'animal, puis sur son encolure. Elle sentit que les muscles de Boxer se détendaient. Le poney poussa un petit soupir et ferma les yeux. La jeune fille ne s'arrêta pas pour autant. Appliquée, elle caressait méthodiquement l'animal pour dénouer les paquets de nerfs qu'elle devinait sous la peau, tout en lui murmurant des paroles apaisantes. Elle-même éprouvait un sentiment de bien-être, comme si elle se libérait de la tension accumulée durant ce week-end.

C'est alors qu'une ombre apparut dans l'encadrement de la porte. Laura leva les yeux et découvrit...

— Angela ! Qu'est-ce que tu fabriques ici ?

S'il y avait quelqu'un qu'elle ne s'attendait pas à voir à Heartland, c'était bien la reine des pestes !

— Ça va pas mal, merci, et toi ? répondit la jeune fille, ignorant le sens de la question.

Elle rejeta ses cheveux en arrière. La douce lumière de la fin du jour se refléta dans cette cascade dorée.

— Qui t'a dit où j'étais ? demanda Laura.

— Personne.

— Comment m'as-tu trouvée ?

— Hé ! Tu t'y crois trop, Laura ! Heartland n'a que deux blocs de stalles. Ce n'est pas si difficile de repérer ceux qu'on y cherche.

Laura s'avança vers Angela. Celle-ci la laissa sortir du box avant de lancer :

— Alors, tu ne me demandes pas si j'ai bien récupéré ?

— Tu ne m'as pas l'air en trop mauvais état, constata Laura.

— Bonne observation, docteur Fleming. Je devrais pouvoir remonter dans quelques jours.

— Super.

Laura se dirigea vers la maison. Plus vite elle serait débarrassée d'Angela, mieux elle se sentirait. Cette peste n'avait rien à faire à Heartland.

— Alors, comment ça s'est fini, pour toi et Storm, hier ? demanda son ennemie en la suivant.

Laura s'arrêta net et se retourna pour la fixer.

— À quoi tu joues ? lâcha-t-elle.

Angela ouvrit de grands yeux innocents :

— À quoi je joue ?

— Tu n'es quand même pas venue ici pour me demander comment s'était passé mon concours !

— Pas seulement, avoua Angela après un moment. Je voulais savoir si tu n'aurais pas récupéré ma cravache. J'y tiens. Elle me vient de ma grand-mère. Tu ne l'aurais pas prise, par hasard ?

— Moi ? Prise ? Pourquoi ?

— Parce que... parce que je l'ai perdue...

— Non, désolée, je ne l'ai pas.

— Ma mère va me tuer ! murmura Angela en baissant la tête.

Laura hésita. Angela était-elle vraiment venue la voir pour cette histoire de cravache perdue ? Ou n'était-ce qu'un nouveau prétexte pour aborder un sujet qu'elle n'osait pas évoquer de but en blanc ?

— Si je l'avais trouvée, je t'aurais appelée pour que tu passes la reprendre, tu ne crois pas ? lança Laura, méfiante.

— Comment j'aurais pu en être sûre ?

Laura rougit violemment :

— Tu es en train de me traiter de voleuse ?

— Non, non... Je...

Angela parut hésiter. Puis elle décocha son plus beau sourire à Laura :

— Enfin, tant pis. Et excuse-moi de t'avoir dérangée.

Sur ces mots, la jeune fille tourna les talons.

— Laura ! appela John, qui sortait de

l'écurie. J'ai des visions ou c'est bien Angela qui vient de partir ?

— C'est bien Angela, confirma Laura.

— Qu'est-ce qu'elle venait faire ?

— Me demander si je ne lui avais pas volé sa cravache.

— Hum... Peut-être qu'elle voulait aussi te remercier et qu'elle n'a pas osé le faire.

— Me remercier ? Elle ? Elle saura ce que veut dire « remercier quelqu'un » quand les poules auront des dents, pas avant !

John éclata de rire. Ted et elle finirent de rentrer les chevaux, de les nourrir et de les abreuver. Après quoi, Laura alla jeter un dernier coup d'œil sur Boxer. D'abord, elle ne le vit pas : le pauvre s'était étendu dans son box, les oreilles baissées, le souffle rauque. Quand elle l'appela, il se mit sur pied péniblement.

— Allez, Boxer, tiens bon, mon petit poney... lui souffla Laura à l'oreille tout en le caressant avec tendresse. Je vais appeler ton propriétaire, d'accord ? Et je lui demanderai de venir, je te le jure.

Dix minutes plus tard, la jeune fille rappelait Ruth Adams :

— Bonsoir, Ruth. C'est encore Laura Fleming à l'appareil.

— C'est à quel sujet, cette fois ?

— L'état de Boxer ne s'améliore pas. Je crois qu'il serait bon que je parle à votre père.

— Hein ? À mon père ?

— Oui.

— Mais pourquoi ?

— Il manque beaucoup à Boxer. Du moins, c'est l'explication la plus plausible de son comportement. Si votre père pouvait lui rendre une petite visite, nous saurions si c'est bien de cela qu'il s'agit. Est-ce que vous pensez que...

— Henry n'est pas, euh... disponible pour le moment, coupa Ruth d'une voix glaciale. Mais je vais essayer d'arranger une visite.

— Merci, dit Laura. Cela nous aiderait énormément. Quand comptez-vous nous...

— Excusez-moi, mais je n'en sais strictement rien.

— C'est important, je vous assure.

— Je n'en doute pas. Je vous tiendrai au

courant. Et maintenant, si vous avez fini de m'importuner, au revoir !

Pourquoi Ruth était-elle aussi agressive ? Pourquoi se comportait-elle comme si Laura lui souhaitait du mal ? Pourquoi donnait-elle l'impression de protéger son père... ou de l'empêcher de parler à Laura ? La jeune fille se promit de le découvrir dans les jours qui venaient : la vie de Boxer était en jeu !

6

— Laura, téléphone ! cria Lou.

Laura se précipita vers le combiné.

— Qui c'est ? demanda-t-elle à sa sœur.

— Une voix d'homme. Je n'ai pas osé poser de questions !

— Allô ? fit Laura en s'emparant du combiné.

— Laura ? C'est Matt.

La jeune fille était ravie. Voilà des semaines qu'elle n'avait plus eu de nouvelles de son ami. Matt Trewin était le petit frère de Scott. Il avait voulu sortir avec elle. Mais, comme elle lui avait préféré un beau palefrenier aux cheveux noirs et aux yeux verts prénommé Ted, il n'avait pas insisté et était devenu le petit ami... d'Angela[1] !

— Matt ? Quelle surprise ! C'est bien toi, tu me le jures ?

— Ça fait longtemps qu'on ne s'est pas parlé, pas vrai ?

— En effet ! Quels sont les derniers scoops ?

— Oh, pas grand-chose... Enfin, si, mais... On pourrait prendre un pot tous les deux. La semaine prochaine, par exemple...

— Ce serait super !

— Jeudi, dix heures trente, au Jerry's, ça te va ?

— Banco. À jeudi, alors !

Tout heureuse de revoir prochainement son ami, Laura revint à la cuisine, où elle préparait le dîner pour Ted et elle. Lou devait sortir ; Grand-père était chez des amis. Les deux amoureux allaient donc passer quelques heures en tête à tête. Laura n'était pas un vrai cordon bleu, mais prépa-

1. Lire, dans la même série, *Un jour, tu comprendras !*, tome 6.

rer un poulet aux champignons ne lui faisait pas peur... et elle savait que Ted en raffolait.

Lou vint lui dire au revoir avant de partir. À peine avait-elle fermé la porte que Ted entrait à son tour.

— Ça ne sent pas mauvais, par ici ! Qu'est-ce que tu nous as concocté ?

— Du poulet aux champignons.

— Wouah ! Génial ! Tu as besoin d'un coup de main ?

— Trop tard.

— Tant mieux : je me méfie de mes talents de cuisinier. Ma pauvre mère m'a transmis tout son savoir-faire : elle m'a vaguement appris à cuire des pâtes et à décongeler un steak, mais ça ne va pas plus loin.

— Ton père est meilleur que toi ?

— Tu rigoles ? Il ne sait même pas à quoi ça ressemble, une cuisine.

Ted s'esclaffa. Son rire sonnait faux. Laura songea que le jeune homme connaissait tout de sa famille alors qu'elle ignorait à peu près tout de la sienne. Elle se souvenait que ses parents ne partageaient pas son amour des chevaux et qu'ils n'approuvaient guère le travail de leur fils à Heartland. Son père était chauffeur routier, spécialisé dans les longues distances ; quant à sa mère...

— Comment va ta maman ? demanda Laura.

— Toujours pareil, lâcha Ted d'un ton agacé. Déprimée, comme d'hab. Rien d'autre à signaler sur le sujet.

— Excuse-moi. Si tu ne veux pas en parler, c'est ton droit.

— Ce n'est pas que je ne veux pas en parler, c'est juste que... c'est compliqué, et je n'ai pas envie de gâcher les moments qu'on passe ensemble avec ces histoires.

— Je comprends, souffla Laura.

Elle regarda le minuteur et annonça :

— Le dîner est prêt. Si monsieur veut bien se laver les mains... nous allons passer à table.

— Ouf ! Il était temps ! plaisanta Ted. J'ai failli avoir faim.

Les deux amis attaquèrent gaiement le poulet aux champignons. Laura raconta à Ted son dernier coup de fil à Ruth Adams.

— Elle n'était pas très enthousiaste, mais elle a fini par dire oui.

— Alors tout baigne !

— Hum, non, pas vraiment. Je crois qu'elle nous cache quelque chose.

— Qu'est-ce qui te fait dire ça ?

— Juste une impression... Et puis, elle ne veut pas que je parle à Henry directement. C'est bizarre, non ?

— Si... Écoute, j'ai pris une matinée de congé, mardi, pour aider ma mère. Au retour, je peux passer chez les Adams et prendre Henry.

— Ça me semble une bonne idée... si Ruth est d'accord.

— On l'appellera tout à l'heure.

— Mais ta mère, qu'est-ce qu'elle...

Laura s'arrêta au beau milieu de sa phrase. Ted avait rougi.

— Excuse-moi, souffla la jeune fille. Je ne voulais pas être indiscrète.

— C'est pas grave. Simplement... maman ne va pas bien, en ce moment. Elle est trop faible pour quitter la maison. Comme papa ne sera pas de retour avant un bout de temps, elle a besoin que je fasse les courses.

— C'est pour ça que tu ne voulais pas qu'on passe la voir, hier ?

Ted acquiesça.

— Elle n'est pas bien du tout ?

— Elle est toute flagada.

— Ça va passer ?

— Oui. Mais impossible de savoir quand. Dans une semaine. Un mois. Plus.

— Et ton petit frère, dans tout ça ?

— Oh, lui...

Ted grimaça.

— Lee fait celui qui ne voit rien. Il se met devant la télé et regarde le base-ball. Ou alors il tient compagnie à sa console de jeux. Pratique, hein ?

Ted secoua la tête et termina son assiette.

— C'était délicieux, Laura, affirma-t-il.

— Ted, tu n'as pas besoin d'être poli avec moi !

— Je t'assure, je me suis régalé.

— Tant mieux !

— Passe-moi ton assiette, je vais faire la vaisselle, dit Ted en se levant.

— Laisse tomber, je m'en occuperai plus tard. Je propose plutôt qu'on prenne un yaourt et un fruit. Et après, on appellera Ruth, d'accord ?

— D'accord.

Dix minutes plus tard, Laura appelait les Adams pour la troisième fois de la journée. À son grand soulagement, ce ne fut pas Ruth qui décrocha.

— Bonsoir, monsieur. Laura Fleming à l'appareil, de Heartland, se présenta la jeune fille.

— Oui-oui-oui, je vois très bien...

— Je vous appelle à propos de Boxer.

— Boxer, ah, oui-oui-oui... Mon poney, oui-oui-oui... Mon petit garçon à moi...

— Je ne sais pas si Ruth vous a mis au courant, mais il est en pension, chez nous, à Heartland.

— En pension, oui-oui-oui...

— Est-ce que ça vous dirait de lui rendre visite ? Quelqu'un pourrait passer vous prendre mardi.

— Mardi ? Oui-oui-oui, bonne idée.

— Super ! Boxer sera si heureux de vous voir. Il a eu quelques difficultés à s'adapter, mais j'espère que...

Bip... bip... bip...

Henry Adams avait raccroché.

— C'était Henry ? s'enquit Ted.

— Oui. Il a l'air ravi de pouvoir revoir Boxer.

— Bon, le petit malentendu est dissipé, alors...

— Pas sûr. Il a coupé la communication avant que j'aie fini de lui parler. Entre lui et sa fille, je voudrais la famille Aimable ! Je crois que je vais devoir piocher !

7

Le lendemain matin, Laura se leva à six heures. C'était tôt pour un lundi de vacances, mais elle avait l'habitude de se lever aux aurores. Et puis, elle avait du pain sur la planche ! Elle passa un jean et une chemise, puis elle sortit. John et Ted ne prenaient leur service qu'à sept heures. Cela lui laissait une heure pour leur préparer le terrain.

Elle commença par balayer la cour, puis elle rangea la remise. Elle continua en faisant le ménage du van et là, elle découvrit... une cravache en vieux cuir poli, avec un manche qui semblait être en ivoire. Dessus était gravé un nom : Angela Jane Weaver. C'était la cravache d'Angela. Comment s'était-elle retrouvée ici ?

Laura entendit le bruit d'une camionnette. Ted arrivait, suivi de près par John. Laura sortit pour saluer les garçons. Elle agita la cravache en direction de John, qui leva les bras comme pour se protéger.

— Ne me frappez pas, m'dame ! J'y suis pour rien, je l'jure !

Laura sourit :

— Je n'en suis pas si sûre... Tu peux m'expliquer ce que fabrique cette cravache dans le van de Heartland ?

— Oups ! J'ai complètement oublié de la rendre à Angela ! Je l'ai ramassée après son accident, et je n'ai pas voulu la lui laisser quand on l'a ramenée à l'infirmerie. Elle avait l'air dans les vapes, j'ai pensé que ça l'encombrerait plus qu'autre chose. Et ensuite... ben, j'ai dû la mettre dans le van et elle m'est complètement sortie de l'esprit.

— Je vais avoir l'air maligne ! dit Laura. L'autre jour, quand Angela est venue, elle me l'a réclamée, et je lui ai juré mes grands dieux que je ne l'avais pas !

— Désolé. C'est ma faute.

— Oh, je crois qu'elle aura réussi à survivre sans sa cravache chérie. Et je suis persuadée qu'elle n'était pas venue seulement pour ça.

— Tu veux que je l'appelle moi-même ?

— À sept heures du matin ? Ça va pas la tête ? En plus d'être furieuse, elle pourrait devenir méchante ! Non, je lui téléphonerai dans la matinée.

Quelques heures plus tard, en effet, Laura appela Yellow Sun. Ce fut Daniel qui lui répondit.

— Daniel ! Comment ça va ? Je t'ai aperçu samedi, mais je n'ai pas eu le temps de te parler avant mon deuxième passage.

— Moi aussi, je t'ai aperçue. J'ai vu ton premier tour, mais après la chute d'Angela, impossible de trouver un moment pour te parler : c'était le branle-bas de combat ! Le cyclone Valery Gorst s'est mis à souffler, emportant tout sur son passage...

— J'imagine. Sinon, ça va bien, quand même ?

— Ça va bien tout court. Bien sûr, l'ambiance est un peu spéciale, mais je travaille avec des chevaux, c'est ça qui compte. Bon, je vais devoir te laisser : j'ai trois chevaux qui attendent d'être bouchonnés. Merci d'avoir appelé, et à la prochaine !

Laura se mit à rire :

— Hé ! Tu te prends pour le centre du monde ou quoi ? Je n'appelais pas que pour avoir de tes nouvelles.

— J'aurais dû m'en douter, plaisanta à son tour le garçon. Qu'est-ce qu'il y a pour ton service ?

— Tu peux dire à Angela que j'ai retrouvé sa cravache dans le van ?

— Je crois que je peux, oui.

— Tant que tu y es, dis-lui aussi qu'elle peut passer la récupérer quand ça lui chante.

— Je transmettrai le message. À un de ces quatre !

— Bisous !

Après avoir raccroché, Laura alla rendre visite à Sundance. Son petit poney adoré se remettait d'une tendinite qui l'avait sérieusement handicapé ces dernières semaines. Le tendon avait désenflé. Scott avait autorisé Laura à le promener, mais il fallait encore être prudent !

La jeune fille ajusta la bande qui protégeait la jambe du poney et l'emmena faire un petit tour en le tenant par la bride. Pas question de le monter pour le moment ! Si Laura brûlait les étapes – et ce n'est pas l'envie qui lui en manquait ! –, le tendon risquait de s'irriter de nouveau, et Sundance serait de nouveau bon pour une immobilisation de plusieurs semaines.

Vers midi, Laura se confectionna un sandwich à la cuisine. Elle l'avala en vitesse : si elle se dépêchait, elle aurait un moment pour faire travailler Summer Storm. Ce n'était pas parce qu'elle avait fait deuxième dès son premier concours qu'elle devait s'endormir sur ses lauriers et oublier les vertus d'un entraînement rigoureux et régulier...

— Salut, champion ! lança-t-elle en entrant dans la stalle de son protégé. Comment tu te sens ?

Le cheval secoua la tête, les yeux brillants. Il semblait avoir totalement récupéré de ses efforts. Il hennit de plaisir quand il comprit que sa maîtresse s'apprêtait à travailler avec lui.

Laura le brossa, le sella, puis l'entraîna vers le manège. Elle avait l'intention de faire une séance tranquille. Même si le cheval ne montrait aucun signe de fatigue, elle savait que son organisme avait besoin de reconstituer des réserves pour repartir à plein la prochaine fois qu'elle le solliciterait. Aussi prit-elle le temps de le faire avancer au pas pendant plusieurs minutes. Ensuite, elle lui demanda de procéder à quelques accélérations-décélérations sur des distances longues, puis de plus en plus courtes. Enfin, elle le remit au pas et relâcha les rênes pour qu'il puisse étirer les muscles de son cou.

C'est alors qu'elle entendit la voix de Ted l'appeler :

— Laura ! Il y a quelqu'un pour toi.

— Alors comme ça, tu avais ma cravache ? claironna une voix connue.

Laura s'approcha du bord du manège. Angela était là, qui lui souriait.

— Oui, oui... Je suis désolée... On s'est mal comprises... John l'avait ramassée et... et je l'ai trouvée ce matin dans le van... Je suis navrée...

Elle s'attendait à ce que sa meilleure ennemie la cloue sur place d'une remarque bien sentie. Au lieu de quoi, Angela lui répondit d'une voix douce :

— Ce n'est pas grave. De toute manière, je n'ai pas monté, ces derniers jours. Toi, par contre, tu es déjà avec Summer Storm...

Laura acquiesça. Elle était décontenancée. À quoi jouait Angela ? Pourquoi lui parlait-elle sur ce ton ? Depuis quand la peste en chef ne la traitait-elle plus comme une moins-que-rien ? Elle descendit de cheval.

— Ne te gêne pas pour moi ! Continue, je suis curieuse de voir comment tu le fais travailler, dit Angela.

— Merci, mais j'ai fini pour aujourd'hui.

Laura pensait qu'elles s'étaient tout dit. Angela la surprit une nouvelle fois. Elle s'approcha de Storm et le caressa d'une main experte :

— Il n'a pas l'air fatigué, pour un cheval qui sort de l'entraînement.

— C'était l'idée. Il a concouru samedi. Je veux d'abord m'assurer qu'il récupère. On a travaillé le tempo. Ça suffit pour une première reprise, tu ne crois pas ?

Angela ne répondit pas. Elle suivit Laura vers le box de Storm.

— Magie Blanche est au repos, alors ? demanda la jeune fille en dessellant son cheval bai.

— Non, je crois que ma mère s'en est occupée, mais je n'ai plus le droit de l'approcher.

— Il avait l'air bizarre, au jumping...

— Bizarre ?

— Oui. Comme fatigué ou surmené, un truc dans le genre...

— Oh...

Angela haussa les épaules.

— De toute manière, je ne le monterai plus.

— Quoi ? Tu n'as pas récupéré de ton accident ?

— Si, si. Mais Magie Blanche ne va pas bien, ces derniers temps, et ma mère dit que c'est ma faute. D'après elle, je l'ai mal monté. Elle a décidé de reprendre son dressage et de la confier ensuite à quelqu'un d'autre.

Laura ferma les yeux en pensant au calvaire que devait subir Magie Blanche. Être dressé par cette furie de Valery Gorst, quel cauchemar ! Elle allait gâcher tout le potentiel du cheval. Elle allait le tuer à la tâche. Elle allait le rendre méchant. Et Laura ne pouvait rien faire. Elle s'imagina dépossédée de Summer Storm. Pour la première fois de sa vie, elle se sentit triste pour Angela. Curieuse sensation...

— Tu sais, Angela... J'ai eu l'impression que tu serrais un peu trop tes rênes, samedi.

— Et alors ?

— Alors c'est mauvais signe. Ça montre que ta relation avec ton cheval n'est pas parfaite. Même si tenir les rênes plus serrées fait disparaître le symptôme, la maladie reste là.

— Peut-être que je devrais m'efforcer d'être plus souple..., souffla Angela, comme si elle se parlait à elle-même.

— Je croyais que tu n'avais plus le droit de le monter !

— C'est vrai. Mais il faut que je me débrouille. Après tout, Magie Blanche est mon cheval, puisque maman me l'a offert. Il était parfait quand il est arrivé. Je veux au moins qu'il retrouve son niveau de l'époque. Il le mérite.

Laura n'en revenait pas : Angela,

s'inquiéter pour un cheval et pas seulement pour l'argent qu'il représente ? Incroyable ! Jusque-là, Laura pensait que son ennemie confondait les animaux avec des robots tout juste capables d'exécuter ce qu'on leur demandait.

— Tu as un plan ?

— Je vais le monter quand maman ne sera pas là. Je lui montrerai que je peux réussir ce que j'ai raté.

Laura approuva de la tête. Elle reconnaissait là les côtés positifs de Yellow Sun : l'esprit combatif et la conviction que le travail finit toujours par payer. Si Angela se libérait des côtés négatifs de la mentalité Yellow Sun, elle risquait de devenir presque fréquentable !

— Comment vas-tu t'y prendre, pour reconquérir Magie Blanche ? s'enquit-elle.

— Ça, c'est justement ce dont je venais te parler.

Angela la gratifia de son sourire éblouissant.

— À vrai dire, je pensais même que tu pourrais me donner quelques conseils...

8

— Laura... Wouh-ouh, Laura ! Reviens sur terre !

Soraya Martin secoua sa meilleure amie. Adossée contre la porte de la remise, celle-ci était plongée dans ses pensées. Une journée s'était écoulée et pourtant, elle ne se remettait toujours pas de la proposition d'Angela.

Elle se secoua et s'excusa en embrassant son amie.

— Tu ne devineras jamais ce qui m'est arrivé hier ! s'exclama-t-elle avant de résumer son étrange rencontre avec Angela.

Soraya l'écouta avec stupéfaction. Elle connaissait bien Laura et Angela. Elle était dans la même classe que les deux filles, et, comme Laura, elle ne supportait pas les airs supérieurs de Miss Perfection.

— Tu devrais abandonner le saut d'obstacles pour te mettre au dressage, suggéra-t-elle à Laura. Si même Angela se met à te manger dans la main, je ne vois pas qui pourrait te résister !

— Oui, enfin, j'attends de voir ce qu'elle a derrière la tête.

— Tu crois que c'est un piège ?

— C'est peu probable, mais, avec elle, je me méfie.

— De toute manière, tu ne vas pas l'aider, après ce qu'elle t'a fait subir !

— Je ne sais pas... avoua Laura.

Elle avait beaucoup réfléchi : quelle était la bonne attitude à adopter ? D'un côté, aider une adversaire qui, jusqu'à très récemment, était une insupportable pimbêche qui ne manquait pas une occasion d'être désagréable avec elle, ça ne lui disait rien. De l'autre, elle pensait à Magie Blanche. Angela n'avait pas changé d'un coup de baguette magique. Ce n'est pas parce qu'elle s'était payée un mur qu'elle avait brusquement pris conscience de ses torts. Pourtant, Laura croyait au pouvoir des chevaux. Et Magie Blanche était exceptionnel. C'était un cheval talentueux, sensible, et voir sa mère utiliser la manière forte sur lui avait peut-être provoqué un choc chez Angela. En plus, le refus que lui avait opposé son cheval avait pu remettre en question la jeune fille. Elle semblait sincère, l'autre jour... Ou elle avait mis de l'eau dans son vin, ou elle jouait bien la comédie.

— Je pense que ce qui s'est passé samedi l'a vexée, reprit Laura. Elle s'est rendu compte qu'elle avait encore quelques petites choses à apprendre.

— Ça, c'est sûr qu'elle a pas mal de progrès à faire ! renchérit Soraya. Mais tu ne vas pas rentrer dans son jeu, quand même ? N'oublie pas combien elle est égoïste... et pense que tu te retrouveras bientôt face à elle, avec Summer Storm !

— Je ne m'inquiète pas pour ça. Summer Storm est en super forme. Et puis, Angela ne sera jamais aussi bonne cavalière que moi !

Soraya éclata de rire en entendant Laura fanfaronner.

— Attention ! l'avertit-elle. Tu es en passe de remplacer Angela dans le rôle de l'insupportable prétentieuse !

Laura sourit :

— En réalité, le problème n'est pas de savoir si Angela me battra ou non. Je pense que, si j'arrive à trouver un moyen d'aider Miss Peste Univers, Magie Blanche aura une vie plus facile. Il est si beau, et son regard est si doux, si intelligent ! Je n'ai pas le droit de le laisser endurer un calvaire si je peux le lui éviter.

Soraya secoua la tête et se dirigea vers le box de Jasmine, une selle à la main :

— Pourquoi prétendre que tu n'as pas pris de décision, alors que tu es déjà prête à voler au secours de Magie Blanche ?

— Non, je t'assure que je réfléchis ! protesta Laura.

Pourtant, au fond d'elle-même, elle commençait à accepter cette idée qui la surprenait et la dérangeait : elle allait aider la reine des snobs, l'enquiquineuse suprême, la plus casse-pieds de toutes les casse-pieds qu'elle connût, mademoiselle Angela Gorst en personne !

Les deux amies partirent pour une longue balade. Soraya venait souvent monter à Heartland, surtout pendant les week-ends et les vacances. Son père n'avait jamais cédé à ses demandes pressantes d'acheter un cheval.

— Pourtant, je ne suis pas exigeante, expliquait la jeune fille à Laura. Un petit pur-sang arabe me suffirait, au moins pour commencer...

En attendant de trouver l'argument-choc qui convaincrait ses parents, Soraya profitait donc des chevaux en pension à Heartland. En échange, elle n'hésitait pas à donner un coup de main pour l'entretien des écuries. D'autant que cela lui donnait l'occasion d'être avec John... Soraya n'était pas insensible au charme et à l'humour du palefrenier. John, de son côté, appréciait les traits fins et le sourire ravageur de la jeune fille. Les jeunes gens se tournaient donc autour depuis que John était arrivé à Heartland. Mais ils n'avaient pas encore osé se le dire, ce qui faisait bien sourire Laura et tous ceux qui étaient au courant de cette petite histoire...

Les deux amies allèrent se balader dans le bois. Quand elles rentrèrent, elles entendirent le bruit d'un pick-up qui se dirigeait vers la maison.

— Henry ! s'écria Laura. Je l'avais complètement oublié. Soraya, tu peux rentrer Storm pour moi, s'il te plaît ? Il faut que j'accompagne Henry auprès de Boxer.

— Avec plaisir, répondit Soraya en s'emparant des rênes du cheval bai. Si monsieur veut bien me suivre vers son palace...

Elle entraîna Summer Storm vers son box.

Laura s'avança vers la camionnette de Ted. Le palefrenier aidait un vieil homme à en descendre. Henry devait avoir entre soixante-dix et quatre-vingts ans. Malgré tout, sa carrure restait solide. Il avait de larges épaules et un teint buriné qui montraient clairement qu'il n'avait pas passé sa vie enfermé dans un bureau. Laura lui tendit la main.

— Bonjour, monsieur Adams. Je suis Laura Fleming. Nous nous sommes parlé au téléphone, vous vous souvenez ?

— Laura Fleming, oui-oui-oui. Justement, je me demandais ce que tu étais devenue, depuis le temps.

Ted fit un signe à la jeune fille. Pendant que Henry s'approchait avec intérêt des box, le jeune homme souffla deux mots à l'oreille de Laura :

— Je crois que quelque chose cloche. Quand je suis arrivé, il y avait une aide-soignante avec lui. Je lui ai expliqué que tout avait été arrangé et elle n'a pas fait d'histoire ; mais elle n'avait pas du tout l'air au courant de ma venue. Et, pendant le voyage, Henry a déraillé. Il a commencé à me parler de Boxer, puis il m'a demandé des nouvelles d'Émeraude et d'Avalanche, comme si j'étais censé bien connaître ces chevaux.

— Poh-poh-poh ! s'exclama Henry.

Il se tourna vers Laura, un sourire jusqu'aux oreilles :

— Ça a bien changé, depuis la dernière fois que je suis venu, Ruth.

— Peut-être... Mais je m'appelle Laura.

— Bien sûr, tout ça, tout ça... oh, ça me rappelle des souvenirs ! répondit énigmatiquement le vieillard, qui visitait Heartland pour la première fois.

Laura prit Henry par la main et l'entraîna vers la stalle de Boxer. M. Adams regardait les bâtiments en hochant la tête :

— Ah, j'étais jeune, à l'époque... Ça n'était pas comme ça, mais le temps passe...

— Regardez : Boxer est au fond, là-bas, dit Laura, un peu gênée.

— Voyons, Ruth, je suis au courant, tu penses ! Boxer !

Henry venait d'apercevoir son poney. Un hennissement joyeux lui répondit. Le poney avait lui aussi reconnu son propriétaire. Le vieillard se précipita dans le box et serra le poney contre lui.

— Boxer, mon petit garçon !

L'émotion faisait trembler la voix du vieil homme. Il pressa la tête de l'animal entre ses bras, riant et pleurant à la fois.

— Comment ça va, depuis hier ? demanda-t-il soudain en le caressant entre les oreilles.

Le poney ne parut pas surpris de la question. Il se dégagea soudain pour donner un coup de tête sur l'épaule du vieillard, qui le punit en lui plaquant un gros bisou sur les naseaux.

— Allons, allons...

Soudain, Henry ferma les yeux. Quand il les rouvrit, il fronça les sourcils et interpella Laura :

— Qu'est-ce que je fais ici ? Qu'est-ce que je vais devenir ? Tu peux me le dire ?

Il respirait fort, comme quelqu'un qui panique. Laura regarda Ted, pas très rassurée. Elle prit les mains du vieillard et lui dit :

— Ça va bien se passer. On va appeler Ruth, d'accord ?

Henry frissonna. Puis il se dégagea et son inquiétude disparut d'un coup, comme elle était apparue. Il donna une petite tape à Boxer et sortit du box :

— Bien. À présent, voyons comment se portent les autres.

Et il alla inspecter les box voisins. Il s'arrêta devant la stalle de Rainbow, qui passa sa tête par la demi-porte.

— Salut mon tout beau, murmura Henry en donnant sa main à flairer au cheval.

Ensuite, il lui caressa doucement le chanfrein, lui flatta l'encolure, et l'observa d'un air satisfait :

— Tu fais des progrès, constata-t-il. Je te trouve en forme.

Il fixa Ted droit dans les yeux :

— Bravo ! Tu as accompli du bon boulot, Cassius.

Brusquement, un bruit de voiture s'éleva. Le véhicule s'arrêta dans un crissement de pneus. Peu après, une portière claqua.

— Où sont-ils passés ? rugit une voix furieuse. Mais où sont-ils donc passés ?

Une femme d'une trentaine d'années déboula dans l'écurie.

— Ah, vous êtes là ! gronda-t-elle.

« Ruth Adams », déduisit Laura.

Elle semblait moins soulagée qu'en colère. Henry lui adressa un grand sourire. Ruth n'en tint pas compte. Elle fusilla Laura du regard :

— Je suppose que tu es la petite Fleming ? Comment as-tu osé prendre mon père sans m'en avertir ? Tu te rends compte que tu as agi comme une écervelée, comme une irresponsable, comme une...

— Ce n'est pas la faute de Laura, intervint Ted.

— Excusez-moi, mais je ne vous ai pas sonné, que je sache. Qui êtes-vous ?

— Je suis Ted Baldwin, le responsable des écuries de Heartland, et je vous invite à rester polie.

— Attendez ! Je rêve ou vous êtes en train de me faire la leçon alors que vous avez enlevé mon père ?

— Nous n'avons pas enlevé votre père. Il nous a suivis de son plein gré, et vous constaterez qu'il ne paraît pas particulièrement maltraité. Nous lui avons téléphoné pour lui proposer de voir Boxer. Il semblait normal et...

— Normal ! Mais il n'est plus « normal » depuis des années !

— Je suis désolée, madame, intervint Laura d'une voix douce. Au téléphone, nous ne nous sommes pas rendu compte que votre père n'était pas en état de voyager avec nous. Nous avons commis une erreur d'appréciation, et nous nous en excusons.

Le ton posé de Laura calma instantanément Ruth. Mlle Adams respira à fond avant de reprendre :

— C'est moi qui m'excuse. Je me suis un peu emportée parce que j'étais inquiète. J'aurais dû vous avertir. Mon père a la maladie d'Alzheimer. Il perd la mémoire. Il a du mal à suivre une idée plus d'une demi-minute. C'est pour ça que j'ai décidé de me séparer de Boxer. Il est incapable de s'en occuper, et moi, je n'ai pas le temps de m'en charger. J'ai pensé qu'il valait mieux que ce poney trouve une nouvelle famille d'accueil.

— Boxer n'a rien à craindre, objecta Henry. Nous nous connaissons bien, tous les deux. Moi vivant, pas de souci ! N'est-ce pas, Ruth ?

Laura se mordit les lèvres. C'est vers elle que M. Adams s'était tourné. Elle acquiesça, et sentit une vague de tristesse déferler sur elle. Comment réagir pour ne blesser ni le vieil homme, ni sa fille ?

— Je m'appelle Laura, finit par dire la jeune fille.

— Excusez-nous, intervint à son tour

Ted. Je me suis comporté comme un idiot.

— Ce n'est pas votre faute. J'aurais dû jouer franc-jeu avec vous, mais... ce n'est pas facile à dire, voyez-vous ?

— Je comprends, murmura le jeune homme.

Un long silence tomba sur l'écurie. Soudain, Henry s'empara d'une selle et la soupesa en bougonnant :

— Poh-poh-poh... Poh-poh-poh...

— Allez, on y va, papa, reprit Ruth. D'accord ?

Henry l'observa, et la même grimace inquiète qu'il avait eue auparavant lui barra le visage.

— Boxer... murmura-t-il. Je veux revoir Boxer avant de... Je veux revoir Boxer...

— Venez, monsieur Adams, dit Ted en saisissant doucement Henry par le bras. Nous allons vous remontrer Boxer avant que vous ne partiez.

Le vieil homme se laissa guider, le visage crispé. Il entra dans le box de son poney comme un automate. L'animal lui fit fête. Mais Henry avait la tête ailleurs. Laura le vit essuyer des larmes, caresser machinalement la crinière du petit poney, le serrer une dernière fois contre lui, l'embrasser de nouveau sur les naseaux puis s'éloigner sans regarder en arrière.

Quand Ruth fut repartie avec Henry à ses côtés, Laura se sentit démoralisée.

— Ça doit être horrible de voir quelqu'un partir comme ça, sans pouvoir rien faire pour l'aider...

— Oui, *c'est* horrible, confirma Ted.

« Bien sûr ! Il vit certainement la même chose avec sa mère », songea Laura. Elle prit la main de son ami et la serra très fort. Ted lui adressa un pâle sourire.

— En tout cas, maintenant, on sait pourquoi Boxer est dans cet état.

À peine le palefrenier avait-il fini sa phrase, qu'un long hennissement plaintif du poney retentissait.

— Boxer ! s'exclama Laura. Oh, Ted, tu crois qu'on pourra faire quelque chose pour lui ? Au moins pour lui ?

— Ce qui est sûr, c'est qu'on va tout essayer !

Le ton confiant de son ami fit du bien à

Laura. Il avait raison. Ce n'était pas la première fois qu'un cheval semblait dans un état désespéré. En général, la magie Heartland opérait. Il n'y avait pas de raison pour que Boxer fasse exception à la règle !

9

— Qu'est-ce que tu sais sur la maladie d'Alzheimer, Grand-père ? demanda Laura un peu plus tard à Jack Bartlett, qui était en train d'éplucher des pommes de terre dans la cuisine.

— Pourquoi ? Tu penses que je l'ai ?

— Non, mais le propriétaire de Boxer l'a, lui. C'est pour ça que Ruth Adams a envoyé le poney ici.

Grand-père hocha la tête :

— La maladie d'Alzheimer, c'est une maladie terrible. J'ai lu récemment qu'un homme de plus de soixante-cinq ans sur vingt était atteint. Un de mes amis en est mort, d'ailleurs. Au début, il oubliait de petites choses, l'endroit où il avait posé ses clefs, par exemple. Comme ça arrive à tout le monde et qu'il ne voulait pas trop non plus admettre ce qui se passait, il n'y a pas prêté attention. Et puis, peu à peu, il s'est mis à perdre de plus en plus la mémoire. Il ne savait plus ce qu'il venait de faire deux minutes avant. Bientôt, il ne s'est plus souvenu de ce qu'il avait fait quelques jours plus tôt. Puis quelques semaines plus tôt. Puis quelques mois. Et ainsi de suite. Il perdait ses souvenirs par phases : à certains moments, sa mémoire restait stable, et brusquement, il se mettait à oublier des tas de choses. En plus, il avait des sautes d'humeur sans arrêt. Son comportement est devenu bizarre. Il ne reconnaissait plus les gens qui l'entouraient.

— Mais comment est-ce possible ? s'étonna Laura.

— Quand tu es atteint de cette maladie, les cellules qui composent ton cerveau rétrécissent et disparaissent. Malheureusement, les chercheurs ignorent ce qui déclenche ce processus infernal. La seule chose dont ils soient sûrs, c'est que, quand il commence, on ne peut plus l'arrêter.

— Il doit bien exister des médicaments !

— Il y en a, mais ils ne servent qu'à retarder l'issue fatale. Et encore, ils ne sont pas très efficaces...

Laura réfléchit un moment.

— Pourtant, Henry avait l'air de reconnaître Boxer.

— Peut-être qu'il a passé beaucoup de temps avec lui... En fait, la maladie d'Alzheimer est imprévisible. On ne peut pas savoir *quel* souvenir s'effacera, ni *quand* il s'effacera, et on ignore pourquoi, au contraire, tel autre souvenir reste là. En plus, par éclairs, le malade redevient parfois lucide et prend conscience de son état.

Laura se rappela que Henry avait demandé : « Qu'est-ce que je fais ici ? Et qu'est-ce que je vais devenir ? »

— À ces moments-là, il se met à paniquer... C'est vraiment très dur, pour lui comme pour ceux qui l'aiment.

Laura essaya de retenir les larmes qui se pressaient sous ses paupières :

— Ça ne devrait pas exister, dit-elle. Ça ne devrait pas avoir le droit d'exister.

— Il y a beaucoup de choses qui ne

devraient pas avoir le droit d'exister, reconnut Jack en serrant sa petite-fille contre lui. Celle-là en fait partie. Il ne faut pas perdre espoir. Des équipes de savants cherchent. Peut-être finiront-ils par trouver un médicament miracle ? Et puis, on se bat aussi pour ceux qui restent : qu'est-ce que tu vas inventer pour que Boxer retrouve la forme ?

La jeune fille secoua la tête :

— Je ne sais pas. Pas encore.

« Mais je trouverai », se promit-elle. Pour Henry. Elle lui devait ça.

Laura sortit de la maison et se dirigea vers la stalle de Summer Storm. Elle avait besoin de se changer les idées. Et on était mardi ; le cheval avait donc eu deux jours de repos depuis le concours, hormis quelques petites séances de rien du tout. Il était temps de le remettre au travail pour de bon. Sinon, bonjour la catastrophe lors du prochain concours !

Revoir son Storm adoré tout fringant lui procura un bien fou. Elle essaya de chasser l'épisode Adams de son esprit pour se concentrer à cent pour cent sur la préparation de sa monture. Comme de coutume, elle prit le temps d'échauffer Storm prudemment. Il ne s'agissait pas qu'il se claque à l'entraînement ! Ensuite, elle prépara des obstacles et amena Storm devant eux. Ils n'étaient pas très hauts, mais la cavalière les avait installés en quinconce. Ainsi, elle obligeait Storm à mobiliser sa souplesse et son agilité, et à développer sa capacité à analyser des situations inattendues.

— Tourne ! cria Laura alors que le cheval venait de franchir une barrière sans le moindre problème.

Storm vira sur la gauche et se retrouva face à un double. En deux foulées, il fut sur l'obstacle et s'éleva au-dessus de la première difficulté.

— C'est ça ! Continue !

Sans hésitation, le cheval bai sauta de nouveau et passa sans souci la deuxième partie du double.

— Bravo ! s'exclama la jeune fille, ravie.

Elle caressa l'encolure de Storm pour qu'il comprenne combien elle était fière de lui. Après un petit moment de trot, ils recommencèrent l'exercice. De nouveau, le cheval fut irréprochable. Laura le félicita et repassa au trot.

C'est alors qu'elle aperçut Lou, au bord du manège. Laura lui adressa un grand geste de la main et s'approcha :

— Tu as besoin de moi ?

— Non, non... Je regardais juste. Continue.

Laura fit trotter Storm en cercle. Puis elle l'obligea à passer au pas pour parfaire son retour au calme. Enfin, elle sauta à terre et rejoignit sa sœur.

— Tu nous as vus sauter ?

— Oui. Vous êtes bons !

— *Il* est bon.

— Tu le guides bien, insista Lou. Mais c'est vrai qu'il a de grandes qualités : il est vif, ce qui lui permet de sauter avec précision ; et il est bien équilibré, ce qui l'aide à virer dès que tu lui en donnes l'ordre.

— J'ai l'impression qu'il a pris des muscles. Je le sens plus rapide. J'aimerais tellement qu'on gagne notre prochaine compétition !

Lou se mit à rire. Cependant, Laura venait d'avoir une idée : ce n'était pas juste qu'elle soit la seule à profiter du cadeau que leur père leur avait fait à toutes les deux. Aussi proposa-t-elle à Lou sans réfléchir :

— Tu veux l'essayer ?

— Hein ?

— Eh ! Pourquoi pas ? Tu as retrouvé tes automatismes et tes sensations sur Dancer.

— Oui, mais...

— Mais quoi ?

— Je... Honnêtement, tu crois que j'en suis capable ?

— Non, bien sûr, ironisa Laura. C'est pour ça que je te le propose.

Lou hésitait encore. Sans attendre que Lou accepte, sa petite sœur allongea les étriers. Elle la connaissait bien ! Trente secondes plus tard, Lou se résolut à grimper sur Summer Storm.

— Ça te va, comme longueur ? lui demanda Laura.

— C'est parfait.

Lou ordonna au cheval de regagner le centre du manège. Elle tenait les rênes un peu plus serrées que Laura. « Un peu *trop* serrées », pensa la jeune fille. Mais elle ne voulait pas intervenir si cela n'était pas strictement nécessaire. Lou fit un tour au pas, puis elle se tourna vers Laura :

— Quand est-ce que je peux passer au trot ?

— Dès que tu te sens prête !

Lou donna des talons dans les flancs de Storm. Laura serra les lèvres. C'était l'erreur à ne pas commettre. Elle aurait dû avertir Lou. Celle-ci avait appris à monter sur des poneys ou des chevaux qui avaient besoin de signaux très clairs pour obéir. Summer Storm était différent. Sublimement dressé, il réagissait à la moindre sollicitation, de son cavalier. Lui donner un grand coup était inutile... et même dangereux !

Bousculé par Lou, il bondit en avant, manquant de désarçonner sa cavalière. Pour retrouver son équilibre, Lou s'accrocha aux rênes. Storm hennit et secoua la tête : visiblement, le mors lui avait fait mal à la bouche ! Laura jugea préférable d'intervenir :

— Relâche les rênes, Lou ! Sers-toi de tes jambes pour le contrôler. Tes jambes ! Pas tes talons !

La situation n'était pas dramatique : la foulée de Storm était irrégulière, mais il ne s'était pas emballé. La preuve, c'est qu'il passa au pas quand sa cavalière le lui demanda. Revenue à la hauteur de Laura, Lou arrêta Storm et sauta à terre, les jambes en coton. Elle s'appuya contre la barrière en soufflant.

— Ça va ? s'inquiéta Laura.

Lou grimaça.

— Je ne suis pas prête pour ce genre d'aventure, dit-elle.

Laura vit que sa sœur faisait des efforts pour ne pas pleurer. Elle s'éloigna aussitôt après avoir tendu les rênes à Laura. La jeune fille regarda Storm avec tristesse. La journée avait été un échec sur toute la ligne : Henry ne pouvait rien pour Boxer, et la confiance que Lou avait retrouvée dans les chevaux depuis quelques semaines était réduite à néant. Le cœur serré, elle rentra Storm dans son box, le bouchonna, puis passa voir Boxer.

— Pas de changement ? demanda Ted, qui l'avait vue se diriger vers le pauvre poney.

Laura se retourna et secoua la tête :

— Non. Je lui ai apporté une nouvelle infusion d'armoise, tout à l'heure. Il n'a pas voulu y toucher.

Elle regarda Boxer. Il était maigre à faire peur. Surtout, il rappelait à Laura de bien tristes souvenirs : Pegasus était dans le même état peu avant sa mort.

— On reviendra le voir, dit doucement Ted. Mais toi aussi, il faut que tu manges. Viens, je crois que ton grand-père nous a préparé un de ces gratins de pommes de terre dont il a le secret. Peut-être qu'en le dévorant, nous trouverons une idée pour rendre l'appétit à Boxer !

Laura sortit du box. Ted avait raison. Elle ne devait pas se laisser abattre. Sans qu'elle sache pourquoi, les mots de Huten, le vieil Indien que Marion admirait, lui revinrent à l'esprit : « Il faut parfois perdre de vue le but à atteindre pour y parvenir. [1] » En allant prendre des forces, elle n'abandonnait pas

1. Lire, dans la même série, *Le messager de l'espoir*, tome 9.

Boxer. Au contraire, elle se préparait à l'aider plus efficacement. Elle était convaincue que le poney n'était pas condamné. Il y avait une solution pour le tirer d'affaire. Et, avec l'aide de Ted, elle allait la trouver.

10

— Nous avons eu deux nouvelles demandes d'admission, signala Lou le lendemain soir. Je suppose que la situation n'a pas évolué depuis la semaine dernière ?

— Non, reconnut Ted.

— Il faut faire quelque chose. Nous avons cinq personnes sur liste d'attente.

Laura soupira :

— Lou, il n'y a pas si longtemps, on se battait parce qu'on n'avait pas assez de pensionnaires[1] ; et maintenant...

— Dancer va bien, coupa Ted pour éviter que la dispute ne s'envenime. Elle a repris

1. Lire, dans la même série, *Une nouvelle chance*, tome 3.

tout le poids qu'elle avait perdu avant d'arriver. Elle devrait trouver preneur sans problème.

Laura se prit la tête entre les mains. Ted avait raison. De tous les pensionnaires venus à Heartland pour un souci de santé, Dancer était celui qui était en meilleure forme. Elle qui ne mangeait plus s'alimentait désormais convenablement. Elle qui refusait les caresses à son arrivée était redevenue douce comme un agneau.

Logiquement, Laura aurait dû se réjouir de sa guérison. Mais Dancer était le seul cheval que Lou osait monter ! Si elle partait, tout serait-il donc perdu ?

— Puisqu'elle est en bonne santé, elle doit partir, dit Lou d'une voix neutre. Je vais lui chercher un nouveau maître dès demain.

Laura ferma les yeux. La série noire n'aurait donc jamais de fin ?

— Et pour Boxer, reprit Lou. Qu'en est-il ?

— N'y pense pas, rétorqua Ted. Il ne mange presque rien parce que son maître lui manque. Et, comme celui-ci est malade, Ruth ne veut plus qu'il revienne.

— Il ne peut pas quitter Heartland pour le moment, Lou, insista Laura. Il est sur la mauvaise pente et nous ne savons même pas comment l'aider. Chez un particulier, sa mort ne serait qu'une affaire de jours.

« Ici aussi, peut-être, mais au moins, je suis sûre qu'il sera correctement soigné jusqu'au bout... »

Lou fixa sa sœur.

— Tu as raison, lâcha-t-elle. Pas question de le refiler à quelqu'un tant qu'il est dans cet état. Il n'a fait aucun progrès depuis qu'il est ici ?

— Aucun. Nous savons pourquoi il souffre, mais pas comment le soulager.

Un silence de plomb tomba sur la table. Dix minutes plus tard, le repas était fini. Laura se dépêcha d'aider à débarrasser la table. Après quoi, elle monta dans sa chambre et s'assit sur son lit.

Là, elle repensa à Henry. Sa maladie avait dû être terrible pour lui aussi, quand il avait commencé à se rendre compte que ses souvenirs s'effaçaient. Et aujourd'hui, seuls les moments les plus forts lui restaient en mémoire. Bizarrement, il avait oublié sa fille, alors qu'il se souvenait très bien de Boxer. Était-ce un hasard, ou avait-il vécu quelque chose de bouleversant avec son poney, qui préservait l'animal de son amnésie progressive ?

Si seulement Ruth acceptait de collaborer, peut-être Laura réussirait-elle à comprendre ce qui unissait intimement l'animal et son maître. Alors, elle saurait sans doute comment aider Boxer à s'en sortir.

L'image de Pegasus lui traversa l'esprit. Il s'était éteint sans que personne ne puisse rien pour lui. Et Sugarfoot avait failli suivre le même chemin.

« Sauf que lui, il n'est pas mort ! »

Lou avait réussi à lui redonner espoir en lui fredonnant sa chanson favorite. Laura devait découvrir la chanson favorite de Boxer, ou son équivalent : un vêtement, un parfum, une habitude. Pour cela, elle n'avait pas le choix : elle devait parler encore une fois à Henry, avant qu'il ne soit trop tard...

11

Le lendemain matin, Laura se réveilla tôt : elle avait un programme chargé. Elle allait donner un coup de main à l'écurie. Ensuite, elle retrouverait Matt au Jerry's. Enfin, elle voulait passer à la ferme de Saddleback, où vivaient les Adams, pour mettre en œuvre son plan de la veille.

— Mmm... Tu sens drôlement bon ! Où tu vas, parfumée comme ça ? lui demanda sa sœur quand Laura la croisa, à dix heures.

— Chez les Adams. Mais, d'abord, j'ai rendez-vous avec Matt pour prendre un café.

— Wouah ! Tu vas voir Matt ? Ça faisait des siècles qu'il avait disparu, celui-là.

— Oui, depuis qu'il est avec Angela...

— Tu lui diras bonjour de ma part.
— Promis. À tout à l'heure.

En marchant d'un bon pas pour attraper son bus, Laura pensa que la relation de Matt et Angela avait changé pas mal de choses entre eux. Même après que Laura avait refusé de sortir avec Matt, les deux jeunes gens étaient restés les meilleurs amis du monde. Mais, quelque temps plus tard, Matt était sorti avec Angela. Et depuis... Depuis, Matt avait disparu de la circulation, jusqu'à ce coup de téléphone, la semaine dernière.

De quoi voulait-il lui parler ? Peut-être d'Angela, justement. C'était même assez probable : les amoureux n'arrêtaient pas de casser puis de renouer. Logique : Matt était assez impulsif et, malgré son nom, Angela n'était pas un modèle de douceur et de souplesse d'esprit. La rencontre des deux était explosive !

Le jeune homme était déjà installé à une table quand elle arriva au café. Il l'embrassa puis leva une main, prévoyant les reproches de la jeune fille :

— Non, ne dis rien ! Je sais ! Je suis un affreux lâcheur, un misérable ver de terre sur lequel on ne peut pas compter, j'aurais dû te téléphoner depuis un milliard d'années. D'accord, j'avoue tout. N'empêche que c'est moi qui t'ai recontacté !

Laura sourit.

— Je vous sers quoi ? demanda le serveur.

— Un milkshake au chocolat et un muffin aux myrtilles.

Elle se tourna vers Matt :

— Je meurs de faim. J'ai dû petit-déjeuner il y a des siècles !

— Tu n'es pas du genre à faire la grasse matinée, même en vacances, hein ?

— Surtout en vacances ! insista Laura. Il y a tellement de choses intéressantes à faire, pour une fois... Tiens, tant que j'y pense, tu as le bonjour de Lou.

— Comment elle va ?

— Bien. Elle essaye de se remettre à l'équitation. Mais ce n'est pas facile pour elle...

Le jeune homme grimaça.

— Qu'est-ce qui ne va pas ? s'enquit son amie.

— Devine.

— C'est Angela ?

— Oui.

— Elle a cassé avec toi ?

— Non. *J'ai* cassé avec elle comme un grand.

— Qu'est-ce qui s'est passé ?

Matt soupira :

— Rien de spécial. J'en ai eu assez qu'elle joue avec moi. Un jour, elle était tout feu tout flamme, l'autre elle me parlait comme à son chien.

— Elle n'a pas de chien... plaisanta Laura.

— Justement, elle se rattrapait sur moi. J'en ai eu marre. Elle n'est pas la seule à exister. Moi aussi, j'ai des sentiments, un amour propre ; moi aussi, parfois, je suis fatigué, énervé ; je ne suis pas pour autant blessant avec elle ! Alors, j'ai décidé d'arrêter les frais.

Le serveur apporta la commande de Laura. Celle-ci grignota une bouchée de muffin avant de relancer la conversation :

— Tu sais qu'Angela est passée me voir à Heartland ?

— Quoi ?

— Elle est même venue à la maison plusieurs fois.

— Elle est malade !

— Non, mais son cheval ne va pas bien, et elle a sollicité les conseils de l'experte internationale numéro un, j'ai nommé Laura Fleming !

Après un silence, Matt éclata de rire :

— Bravo, Laura ! Très drôle ! J'ai failli marcher dans ta blague...

— Ce n'est pas une blague.

— Écoute, tu me dirais qu'une deuxième tête lui a poussé, j'aurais moins de mal à te croire.

— Tout ce que je peux t'affirmer, c'est que la dernière fois qu'elle est venue à Heartland, elle n'avait qu'une tête, et elle voulait que je lui donne des conseils.

Matt se tut un long moment avant de demander :

— Elle est venue à Heartland ? Vraiment ?

— Certaine.

— Remarque, si quelqu'un a besoin d'aide, c'est bien elle.

— Pourquoi ?

— Angela est malheureuse. Très malheureuse. Sa mère contrôle sa vie comme elle mène Yellow Sun : avec une poigne de fer. Alors, c'est vrai, elle a des vêtements à la mode, elle monte des chevaux qui valent des millions, elle va chez un super-coiffeur, elle habite une belle maison... mais elle n'a pas tout ce que tu as autour de toi : des gens sympas, droits, sur lesquels s'appuyer et à qui on peut se confier sans crainte. Quoi qu'elle fasse, elle a toujours l'impression que sa mère va surgir derrière son dos et la punir. Et le pire, tu sais ce que c'est ?

— Non.

— Le pire, c'est qu'elle a raison d'avoir peur, parce que sa mère est *toujours* derrière son dos, prête à se mettre à hurler au moindre faux pas.

Matt but une gorgée de son Coca puis leva les yeux sur Laura :

— J'ai essayé. Essayé et réessayé. J'ai fait tout ce que je pouvais pour l'aider. J'ai bien compris qu'elle avait en besoin. Ça n'a pas marché. Je n'ai pas réussi à m'y prendre correctement. Toi, tu sauras.

— Pourquoi moi, je réussirais mieux que toi ?

— Parce qu'elle est venue te voir. Tu la connais. Ça a dû lui coûter beaucoup, de venir chez toi te demander ton aide. Si tu fais quelque chose pour elle, elle l'acceptera. Et j'ai envie d'ajouter : fais quelque chose pour elle, s'il te plaît. Même si on n'est plus ensemble, elle et moi, je suis triste de la voir dans cet état. Triste d'être incapable de l'aider moi-même. Oui, fais quelque chose, Laura, s'il te plaît...

Laura réfléchit. Jusqu'à présent, elle pensait qu'elle allait accepter d'aider Angela par amour des chevaux – et par pitié pour Magie Blanche. Mais elle comprenait qu'elle s'était menti à elle-même. Malgré elle, et même si c'était difficile à reconnaître, elle éprouvait de la compassion pour Angela.

— D'accord, dit-elle simplement.

Matt lui prit la main et la serra.

Les jeunes gens se séparèrent peu après, et Laura se rendit à la ferme de Saddleback.

12

Pas besoin d'être médium pour comprendre que la ferme de Saddleback avait connu des jours meilleurs ! Les mauvaises herbes avaient envahi les allées, le portail d'entrée était couvert de mousse et, dans les enclos, les animaux avaient disparu.

Une voiture était garée à l'entrée de la ferme. Probablement celle de l'aide-soignante dont Ted avait parlé : Ruth avait une autre voiture quand elle était venue rechercher Henry.

Une femme grande et bien charpentée sortit à la rencontre de Laura. Âgée d'une quarantaine d'années, elle avait un visage doux et souriant. Laura se présenta et expliqua la raison de sa venue.

— Je suis Martha, dit la femme à son tour. C'est moi qui m'occupe de Henry quand Ruth est au travail.

— Est-ce que je peux lui parler ?

— Euh... Tu sais, il n'a plus toute sa tête...

— Oui, je suis au courant. Mais il se rappelle de Boxer, n'est-ce pas ?

— Ça, c'est sûr !

— Alors j'aimerais bien lui parler quelques minutes.

Martha hocha la tête :

— Je n'y vois pas d'objection. Viens, entre !

Laura la suivit à l'intérieur.

— Tu veux boire quelque chose ? Un jus d'orange, un truc comme ça ?

— Merci, ça ira. Je ne vais pas rester longtemps.

Martha se servit un verre de jus de fruits et s'assit.

— Je dois t'avertir que, en remuant ses souvenirs, tu risques de le déstabiliser et de le faire pleurer.

— Le faire pleurer ? Pourquoi ?

— Les malades d'Alzheimer souffrent

énormément lorsqu'ils se rendent compte qu'ils perdent la tête. Si tu les forces à se souvenir d'un événement ou d'une personne, ils peuvent ressentir un choc en comprenant qu'ils l'ont oublié.

Laura réfléchit :

— Donc vous pensez qu'il vaut mieux que je ne lui parle pas ?

— Non, ce n'est pas ce que j'ai dit. Protéger les gens malgré eux n'est pas forcément une bonne solution. Je voulais juste te dire que ce serait peut-être douloureux, pour Henry, d'entendre parler de Boxer. Il l'a tellement aimé ! C'est une honte que ce poney ait dû partir, si tu veux mon avis...

— Pourquoi ?

Martha ouvrit la bouche, puis se ravisa.

— Ce n'est pas à moi d'en parler, lâcha-t-elle.

— S'il vous plaît, implora Laura. Je ne veux pas m'immiscer dans la vie privée des Adams. Tout ce que je veux, c'est aider Boxer. Le poney ne mange presque plus depuis qu'il est à Heartland. Et ce qui s'est passé avant qu'il ne parte peut m'aider à le soigner.

— Laura...

— S'il vous plaît...

Martha hésita avant de murmurer :

— Je ne juge personne. Ruth vit une période difficile, et elle se débrouille comme elle peut. Mais avec Boxer...

— Qu'est-il arrivé ?

— Ruth a dû prendre des décisions. Elle était la seule à pouvoir s'occuper de Boxer, et elle a estimé qu'elle avait trop de travail. Elle a donc décidé qu'il devait partir, parce que, sinon, il lui faudrait embaucher quelqu'un.

— Et vous pensez que c'est ce qu'elle aurait dû faire ?

— Ce que je pense, c'est que Ruth ne s'est pas aperçue que Boxer était le dernier coin de bonheur qui restait à Henry. Elle ne l'en a pas privé par méchanceté, mais parce qu'elle n'a pas saisi l'importance du poney pour lui.

La femme se leva :

— Allez, assez bavardé ! Suis-moi : on va voir Henry.

Le vieillard était assis dans un rocking-chair, au soleil, sur la terrasse. Il se balançait doucement.

— Vous avez de la visite, monsieur Adams ! Laura Fleming est venue vous parler de Boxer.

— Boxer ! répéta l'homme en se mettant aussitôt debout. Où est-il ?

— Restez assis, Henry. Boxer n'est pas là. Laura est juste venue vous en parler.

— Où est-il passé ? insista Henry. Laissez-moi le voir, je vous en supplie, je jure que je m'en occuperai quand...

— Boxer n'est pas là, répéta Martha. Il va bien. C'est Laura qui s'en occupe, maintenant, comme vous vous en occupiez.

Le vieil homme regarda Martha un moment. Puis il sembla se détendre et se rassit en regardant Laura. Celle-ci s'assit à côté de lui et sourit. Martha s'empara du plateau-repas qui traînait sur la table de jardin, tout près, et s'apprêta à rentrer.

— Je vais à l'intérieur pour vous laisser tranquilles, annonça-t-elle à Laura. Si tu as le moindre souci, tu m'appelles, d'accord ?

— Merci, répondit simplement Laura.

Elle se rapprocha de Henry et inspira un

grand coup. Elle savait que ça n'allait pas être du gâteau ; et elle savait aussi qu'elle *devait* essayer. Alors elle se lança :

— Henry, je suis Laura Fleming. Vous vous souvenez de moi ? Nous nous sommes rencontrés à Heartland. C'est moi qui m'occupe de Boxer. Vous êtes venus nous rendre visite.

Henry lui sourit et lui tapota la main :

— Brave fille ! Tu travailles dur, n'est-ce pas ?

— C'est vrai, je travaille beaucoup. Surtout avec Boxer. Vous lui manquez.

— Poh-poh-poh ! Ne t'inquiète pas pour Boxer. Tu as d'autres problèmes.

— Euh... oui, bien sûr. Mais Boxer nous inquiète.

— Boxer ? Laisse-moi m'en occuper. Tous ces livres, tous ces... Ça, oui, c'est pour toi. C'est ton domaine. Apprendre... Être bonne à l'école... C'est ça qui compte.

— Vous avez raison, mais...

— Dès le départ, j'ai compris que la ferme ne te suffirait pas. J'ai dit : Ruth, la petite Ruth, la ferme ne lui suffira pas. Et j'avais raison, oui-oui-oui... C'est pas grave : on va y arriver. Ensemble. Il n'y a pas de raison de s'en faire.

— Qui ça, on ? *On* va arriver à *quoi* ?

— Enfin, Ruth, c'est évident : Boxer et moi ! Boxer et moi, on va se débrouiller. Boxer, moi et les autres. Tous les autres. Pas de quoi se torturer les méninges, oh non !

« Les autres ? Quels autres ? », s'étonna Laura.

— Qu'est-ce que vous ferez pour vous occuper de Boxer ?

Henry se mit à compter sur ses doigts :

— Un, nous nous lèverons tôt tous les matins. Deux, nous irons nous promener à travers champs. Trois, nous nous occuperons des autres bêtes. Quatre, nous les rentrerons, les autres bêtes. Toutes les autres, oui-oui-oui. Tout le bétail. Les vaches. Boxer et moi. Comme d'habitude. Tu vois ? Alors pas de panique ! Il va falloir se battre, mais je suis sûr que bientôt tu me remercieras.

Le vieil homme se tut. Laura regarda le soleil jouer dans les brins d'herbe. De ce que Henry lui avait dit, elle retenait que sa vie n'avait pas dû être un long fleuve tranquille. Malgré ses difficultés, il avait tout mis en œuvre pour que Ruth ait une bonne éducation. Alors qu'il avait oublié beaucoup de choses, ce souci lui était resté. Ce souci et celui du bétail.

Par contre, Laura avait remarqué autre chose : Henry ne parlait jamais de sa femme. Qu'était-elle devenue ?

C'est alors que la jeune fille s'aperçut que son interlocuteur s'était remis à somnoler et à se balancer doucement. Elle se leva et appela Martha.

— Il s'est rendormi. Je crois que je vais repartir. Merci de m'avoir laissée lui parler.

— Merci d'être venue. Au revoir...

Laura reprit le chemin du retour. En attendant le bus, elle essaya de faire le point sur ce qu'elle avait appris. Pas grand-chose, *a priori*. Pourtant, elle en était certaine, désormais : le silence de Ruth cachait un secret. Et, dans ce secret, il y avait sans doute le remède qui pourrait sauver Boxer.

Vingt minutes plus tard, ce fut Lou qui

l'accueillit à Heartland. Elle semblait paniquée.

— Enfin, la voilà ! s'exclama-t-elle.

— Qu'est-ce qui se passe ? demanda Laura.

— Boxer a disparu !

13

— Comment ça, disparu ?

— Ted était en train de balayer l'écurie quand il a vu que la porte de Boxer était ouverte.

Le palefrenier arrivait tout essouflé :

— Laura ! Tu es au courant ?

— Oui. Ce n'est pas John qui aurait sorti Boxer dans le paddock ?

— Il m'a dit que non.

— Séparons-nous et répartissons-nous les endroits à explorer, suggéra Jack Bartlett en rejoignant le petit groupe. Boxer ne peut pas être loin !

— Grand-père, y a-t-il des troupeaux tout près ?

Etonné, Jack fronça les sourcils :

— Abram Marsh a sorti ses vaches, dans le champ de Blémur, au bout du chemin.

— J'y vais ! lança Laura.

Et elle courut vers l'endroit que lui avait indiqué son grand-père. À bout de souffle, elle aperçut les vaches, toutes regroupées en bordure de champ. Sur le chemin, derrière les fils barbelés, il y avait... Boxer ! Le petit poney ne bougea pas lorsque Laura l'appela. Il tourna la tête vers elle, puis fixa de nouveau les animaux qui l'observaient avec curiosité.

La jeune fille essuya la sueur qui coulait sur son front. Elle s'approcha doucement du poney et le prit par la bride. Boxer ne résista pas. Elle lui caressa les naseaux et murmura :

— Viens, bonhomme. Je ne peux pas te laisser là pour le moment, désolée. Les autres te cherchent.

Mais, en son for intérieur, elle espérait avoir enfin trouvé le moyen d'aider Boxer à dépasser sa tristesse.

Ted, Lou, John et Jack la virent revenir avec un immense soulagement. Ted rentra Boxer, John retourna s'occuper des chevaux, Lou regagna son bureau, et Laura se retrouva seule avec son grand-père. Elle lui raconta sa visite à Saddleback.

— Fermier, c'est un sacré métier, commenta Jack. Le bétail demande des soins constants. Pas question de le laisser livré à lui-même une demi-journée. Il faut toujours être là pour lui. Traire les vaches. S'assurer qu'elles vont bien. Les nourrir. Et, bien sûr, plus la ferme est grande, plus c'est éreintant.

— J'ai l'impression que la ferme de Saddleback était immense, avant que Henry ne tombe malade.

— Peut-être qu'il n'avait pas d'employés et qu'il s'occupait de tout lui-même, avec Boxer. C'est ce que tu penses, non ? C'est pour ça que tu m'as demandé s'il y avait un troupeau dehors ?

Laura acquiesça avant d'ajouter :

— J'ai compris que Boxer avait l'habitude d'être près des troupeaux. Je me suis dit que, s'il s'échappait, il y avait de fortes chances qu'il aille là-bas.

— Bien joué, Laura Holmes ! la félicita

Jack. Vous avez résolu le mystère en deux coups de cuillère à pot !

— Il y a encore des trucs qui ne collent pas... murmura la jeune fille.

— Quoi donc ?

— Pourquoi Ruth a-t-elle mis Boxer en pension ici ?

— Parce qu'elle n'avait plus le temps de s'en occuper, non ?

— Sans doute, pourtant Martha, la dame de compagnie de Henry, affirme qu'elle aurait pu s'en sortir si elle l'avait vraiment voulu !

— Peut-être que Martha se trompe et que Ruth ne pouvait vraiment pas s'occuper de Boxer... suggéra Jack.

— Mmm... Mais même si elle ne pouvait pas, pourquoi refuse-t-elle que Henry vienne le voir ?

— Bonne question. Il y a autre chose qui te chiffonne ?

— Comment Boxer a-t-il réussi à s'enfuir ?

— Je ne sais pas, répondit Ted qui revenait de la stalle de Boxer. J'ai ajouté une corde pour bloquer la porte. Il faudra jeter un œil de temps en temps pour vérifier qu'il ne la ronge pas.

Laura hocha la tête :

— Puisque tout est rentré dans l'ordre, je vais faire travailler un peu Dylan.

Le grand cheval bai avait été mis en pension à Heartland par Nick Haliwell, un ancien champion d'équitation qui dirigeait une écurie. Il avait cru en Laura dès le début et lui avait confié Star, un magnifique pur-sang qui refusait de monter dans les vans [1]. Comme Laura avait guéri Star, Nick avait de nouveau eu recours à ses services. Dernièrement, il lui avait demandé de s'occuper de Dylan. Celui-ci avait un drôle de problème : il ne savait pas bien où mettre ses pieds ! Avec l'aide de Ted, Laura l'avait obligé à travailler sa coordination et à prendre conscience de tout son corps. Il était en progrès, mais il n'était pas encore en état d'être rendu à son propriétaire.

Lorsque Laura l'eut fait travailler, elle le ramena dans sa stalle et le bouchonna. Elle se sentait épuisée. Pourtant, sa journée

1. Lire, dans la même série, *Je reste !*, tome 1.

n'était pas finie ! Elle devait encore appeler Angela. Lou sauta au plafond en apprenant la nouvelle :

— Toi, tu vas aider Angela ?

— Matt m'a persuadée de lui donner sa chance.

— Je te souhaite bien du plaisir, murmura Lou, pas convaincue.

Laura composa le numéro de Yellow Sun. À son grand soulagement, elle tomba directement sur Angela : elle aurait été embêtée de devoir expliquer la raison de son appel à Valery !

— C'est gentil d'appeler, dit Angela.

— Comment va Magie Blanche ?

— Maman s'en est occupée. Moi, j'ai préféré t'attendre avant d'essayer quoi que ce soit.

Laura grinça des dents. Angela en faisait trop. Elle n'était pas du genre à attendre que Laura arrive pour agir comme bon lui semblait.

— Comment veux-tu qu'on procède ?

— Viens demain après-midi. Maman sera absente toute la journée. Elle ne s'apercevra même pas que Magie Blanche est fatigué.

Apparemment, Angela n'avait pas douté un instant que Laura accepterait !

— Il faut que je m'organise, dit la jeune fille. Je te dirai quand je peux passer.

— Si tu veux, je t'enverrai quelqu'un pour t'amener et te ramener à Heartland.

— Merci, mais il faut vraiment que je m'organise d'abord par rapport à mon travail.

« Car je travaille, moi, espèce de flemmarde ! », ajouta Laura pour elle-même.

Elle sentit qu'elle s'énervait. Le petit ton tout sucre tout miel de son interlocutrice ne lui disait rien qui vaille. Son agacement augmenta encore d'un cran quand Angela en rajouta une couche :

— Tu sais, je compte sur toi, Laura. J'ai tant besoin de ton aide ! Seules tes connaissances peuvent sauver Magie Blanche ! Je...

Ted entrait dans la maison à ce moment :

— Laura !

— Désolée, Angela, on m'appelle, coupa Laura. Je te tiens au courant.

Et elle raccrocha.

— « Angela » ? s'exclama Ted. Alors Lou ne plaisantait pas ? Tu vas aider cette peste pour de bon ?

Laura lui expliqua la situation avant d'ajouter :

— Comme ce sont les vacances, j'ai un peu plus de temps que d'habitude. J'ai pensé que je pourrais en profiter pour lui donner un coup de main...

— Laura... soupira Ted. Tu m'étonneras toujours.

— Tu pourras m'amener là-bas ?

— Oui, pas de problème, c'est sur ma route.

— Tu pars en balade, demain ?

— J'ai pris mon après-midi, ça tombe bien : je te verrai une dernière fois avant que tu ne te fasses dévorer par la terrible Angela !

14

Le lendemain matin, Laura expédia les tâches habituelles – nettoyer, nourrir, inspecter – avant de passer aux choses sérieuses : l'entraînement de Summer Storm et les massages relaxants pour Dylan. Quand elle en eut terminé avec lui, elle entendit Ted klaxonner dans sa camionnette. Elle courut se rafraîchir le visage. L'instant d'après, elle rejoignit son petit ami.

— J'ai jeté un œil sur la corde que j'ai mise hier à la porte de Boxer, l'informa Ted.

— Alors ?

— Il l'a mâchonnée. C'est donc bien lui qui s'est libéré tout seul.

— Le mystère a fait long feu ! N'empêche que Ruth aurait pu nous avertir qu'il savait ouvrir son box ! grogna Laura.

— À mon avis, elle l'ignorait. Il devait y avoir une fermeture spéciale dans le box du poney, à la ferme, mais elle n'a jamais dû comprendre pourquoi... si elle s'en est seulement aperçue !

Laura acquiesça en silence, puis attaqua le sandwich que Lou lui avait confectionné.

— Tu n'aimes pas Ruth, hein ? reprit le jeune homme.

— Je ne vois pas pourquoi... Je n'ai pas à l'aimer ou à ne pas l'aimer. Elle nous a confié un poney, un point, c'est tout.

— Tu trouves qu'elle a été injuste en séparant Henry et Boxer, ne dis pas le contraire !

— Peut-être.

— Circonstance aggravante : elle ne connaît pas grand-chose aux chevaux, et elle n'a pas idée du lien qui peut unir un poney et son maître. Tu ne me feras pas croire que tu l'apprécies !

— Je ne l'apprécie pas, mais...

Laura s'interrompit d'elle-même. Ted avait raison. Elle avait développé de l'animosité envers Ruth, *et elle ne s'en était même pas rendu compte* !

— Est-ce que tu as pensé qu'elle aussi devait se sentir coupable ? reprit le jeune homme.

— Coupable ? Non, ça ne m'a pas traversé l'esprit.

— Pourtant, c'est assez probable. Quand tes parents ont des problèmes, très souvent, tu culpabilises.

— Même si tu sais que ce n'est pas ta faute ?

— Même, confirma Ted. En plus, si tu dois t'en occuper, les soigner, passer du temps et dépenser ton énergie à essayer de leur faire plaisir, parfois sans résultat, tu finis par t'énerver contre eux. Quand tu en prends conscience, c'est l'horreur. Tu te dis : « Quel pauvre type je suis ! Ils n'y sont pour rien, les pauvres ! Ils sont malades ! » Et tu culpabilises encore plus.

Un silence tomba sur le pick-up.

— Toi aussi, tu éprouves ça pour ta mère ? demanda Laura d'une voix douce.

Ted hésita avant de répondre :

— Oui... Quelque chose qui ressemble à

ça, en tout cas. Impossible de m'en empêcher. Ça vient de si loin... Papa n'a jamais compris pourquoi je m'intéressais aux chevaux. Pour lui, c'est juste des joujoux pour les petites filles riches. Quand il me faisait des scènes à ce sujet, ma mère essayait de s'interposer et... ça lui provoquait des crises. Elle pensait que sa famille allait exploser, que c'était fini. Et elle déprimait encore plus que d'habitude. J'avais l'impression que c'était ma faute, uniquement ma faute.

— Pourtant tu t'occupes tellement d'elle ! Ça ne la rend pas heureuse, ça ?

— Non. Elle n'est jamais heureuse. Elle est juste plus ou moins déprimée. Mais je n'arrêterai pas de m'occuper des chevaux pour autant.

— Heureusement ! Tu as un don exceptionnel : tu sais communiquer avec eux !

Ted grimaça :

— Mouais. Dommage que tout le monde ne soit pas de ton avis... surtout mon père.

— C'est pour ça que tu préfères que je ne rencontre pas tes parents, et surtout ta mère ? Parce que je représente ce qui la rend malade : Heartland, les chevaux, tout ce qu'elle déteste...

— Un peu, avoua le jeune homme. Et puis aussi parce que tout lui fait peur, je préfère lui éviter de s'angoisser.

— Je comprends, maintenant, dit Laura. Oublie le coup des visites. Et excuse-moi de n'avoir pas compris plus tôt.

— Tu ne pouvais pas savoir... répondit Ted avec un pâle sourire.

Ils arrivaient devant Yellow Sun.

— À demain ! lança Laura.

— Bonne chance !

Le pick-up redémarra, et Laura entra dans l'écurie d'un pas décidé. Elle n'aimait pas cet endroit, et pas davantage les gens qui habitaient là. Mais elle avait promis quelque chose, et elle tiendrait sa promesse. Déjà, Angela se dirigeait vers elle, tenant Magie Blanche par les rênes. Elle adressa un grand geste de bienvenue à son invitée :

— Laura ! C'est hyper cool que tu sois venue !

Laura essaya de sourire à son ex-ennemie. Pas facile : avec sa voix faussement enthousiaste et ses minauderies, celle-ci avait réussi à l'énerver dès les premiers mots qu'elle avait proférés. Laura préféra s'intéresser à Magie Blanche. Le superbe cheval secouait la tête et renâclait.

— Ton mors est trop court, constata Laura. Il faut en prendre un plus lâche.

— Plus lâche ? Mais Magie Blanche n'obéira jamais ! Tu ne le connais pas !

— Crois-moi : ton Kimblewick ne lui convient pas. Change-le. Et allonge la martingale, aussi. Non, d'ailleurs, ne l'allonge pas : enlève-la. J'ai l'impression qu'il n'en a pas besoin.

Avant qu'Angela ait pu ouvrir la bouche pour donner son opinion, elle croisa le regard décidé de Laura et se résolut à lui obéir. Ensuite, les jeunes filles amenèrent Magie Blanche dans le manège d'entraînement – pardon, dans *l'un des manèges* d'entraînement. En général, Angela ne manquait jamais de rappeler qu'à Yellow Sun, il n'y avait pas *un* manège, mais *plusieurs*, contrairement à Heartland... Aujourd'hui, elle évita.

— Fais-le marcher, lança Laura.

— Pardon ?

— Fais marcher Magie Blanche.

Angela la regarda avec des yeux ronds :

— Je croyais que tu allais le guérir !

— Je ne viens pas *le* guérir ; je viens *vous* aider. Quand un cheval a un problème, c'est très souvent parce que sa relation à son maître est problématique. Magie Blanche n'est pas un pneu. Je ne peux pas lui mettre une rustine quand il est à plat et te le rendre en bon état d'un coup. Ça ne fonctionne pas comme ça.

C'était toute la différence entre Heartland et Yellow Sun : à Heartland, on s'occupait des chevaux et de leurs liens avec les êtres humains. On ne séparait jamais les deux. Comment espérer guérir Boxer sans comprendre ce qui l'unissait à Henry ? Cela relevait de l'absurde...

— Laura, je t'en prie, monte-le, supplia Angela. Monte-le, toi. S'il te plaît.

La voix d'Angela tremblait. Son accident lui avait fait perdre sa confiance en elle. Si Laura voulait aider Magie Blanche, pas de doute : elle allait devoir aider aussi Angela.

— Bon, d'accord, dit-elle en prenant les rênes.

Elle grimpa sur le dos de l'étalon. Aussitôt, Magie Blanche voulut partir au trot : il avait l'habitude d'être sollicité sans même avoir été échauffé. Laura le calma et l'obligea à rester au pas. Le cheval hennit, mais il avait été remarquablement dressé. Dès qu'il sentit qu'il avait affaire à une cavalière expérimentée, il se soumit et se montra très réceptif à ses instructions.

— Bien ! l'encouragea Laura. Continue comme ça.

Lorsqu'elle eut l'impression que le cheval s'était habitué à elle et qu'il avait retrouvé son calme, elle lui ordonna de passer au trot. Cercles, huit : Magie Blanche s'exécuta sans la moindre hésitation. Laura avait deviné juste. L'étalon n'avait aucun problème. C'était le cheval de concours rêvé : obéissant, à l'écoute de son cavalier, puissant et bien équilibré. Si Angela réussissait à retrouver sa confiance et à renouer un lien fort avec Magie Blanche, elle deviendrait une adversaire redoutable pour Laura et Summer Storm.

Pendant que Laura échauffait Magie Blanche, Angela disposa quelques obstacles bas avec l'aide d'un palefrenier. Laura y amena Magie Blanche. Aussitôt, le cheval prit de la vitesse et effaça la barrière en bondissant très au-dessus. « *Trop* au-dessus », pensa Laura. Visiblement, Magie Blanche avait été habitué à aborder chaque obstacle à fond. C'était une erreur : en sautant ainsi, le cheval perdait du temps (moins il restait en l'air, plus il galopait) et de l'énergie.

Laura conduisit Magie Blanche à l'autre bout du manège, le calma puis le ramena à l'obstacle. Cette fois, le cheval aborda la barrière au trot et se contenta de la sauter sans bond excessif.

— Bien joué ! s'exclama la jeune fille en lui caressant l'encolure.

Elle réessaya, encore et encore : saut, retour au calme, saut, retour au calme... Puis elle s'approcha d'Angela et sauta à terre.

— Co... comment tu as réussi ? bégaya la jeune fille. C'était si... si magique ! Pourquoi il ne fait pas ça avec moi ?

— Parce qu'il est stressé. On lui a mis trop de pression sur les épaules, ce qui l'a rendu nerveux. Résultat : il a perdu confiance en toi. Peut-être que ta manière de monter l'a angoissé. Il faut voir pourquoi. Allez, à toi de monter.

Angela s'exécuta, livide.

— Pas de saut aujourd'hui, annonça Laura. Tu restes au pas pour le moment.

Elle observa la cavalière faire quelques tours de manège, puis lui demanda de passer au trot. Et elle cerna le problème. À l'évidence, Angela était une excellente cavalière, mais elle n'avait pas compris que Magie Blanche n'était pas un cheval comme les autres. Elle n'avait pas remarqué que sa monture avait besoin d'être à la fois guidée et laissée libre. Son manque de confiance était patent : Angela obligeait Magie Blanche à garder l'encolure raide... et elle n'hésitait pas à le cravacher au moindre écart. On aurait dit que le souci d'Angela était moins de prendre du plaisir à chevaucher un étalon que de réussir à se faire obéir d'une tête de mule.

— Donne-moi ta cravache, finit par dire Laura.

— Quoi ? Mais j'en ai besoin ! Magie Blanche est hyper désobéissant ! Il...

— Donne-moi ta cravache, répéta la

jeune fille. Je t'assure que tu n'en as pas besoin. Et n'aie pas peur de laisser ton cheval prendre un peu de liberté.

Angela s'exécuta à contrecœur. Pourtant, plus elle abandonna le cheval à lui-même, plus il sembla calme et obéissant. Vingt minutes plus tard, le changement était évident. Détendue, Angela souriait. Elle retrouvait le bonheur de monter.

Peu après, elle mit pied à terre et s'approcha de Laura :

— C'est incroyable, la façon dont il a progressé en une séance seulement !

— En réalité, ce n'est pas très étonnant. Magie Blanche n'a pas de problèmes. Il faut juste que vous vous apprivoisiez l'un l'autre, et que tu essayes de ne pas lui montrer tes craintes. Progressivement, vous allez réapprendre à vous faire confiance. Chacun à votre rythme... et pas au rythme que décidera ta mère !

— Ça tombe bien : elle est très prise cette semaine. Je vais pouvoir monter Magie Blanche sans qu'elle s'interpose. Ensuite, je lui montrerai nos progrès... et le tour sera joué !

Les deux filles s'apprêtèrent à rentrer Magie Blanche.

— Tu viens prendre un verre ? proposa Angela.

— Non, je crois qu'il vaut mieux que je rentre à Heartland...

— Tu ne meurs pas de soif ?

— Euh... si, avoua Laura.

— Alors !

— Laura ! s'écria une voix connue. Qu'est-ce que tu fabriques ici ?

C'était Daniel. Laura s'apprêtait à lui répondre, mais un regard d'Angela suffit à lui rappeler que sa mission était confidentielle !

— Je... je passais dans les parages, dit-elle sans mentir.

— Comment va Summer Storm ? C'est quand, votre prochain concours ?

— Storm va bien, merci. La prochaine compète, c'est l'autre samedi, à Melton. Tu seras là ?

— Ça ne dépend pas de moi !

— En effet, c'est ma mère qui décide qui vient avec elle aux concours, intervint

Angela d'une voix sèche. Ça me semble normal, non ?

— Bien sûr, Angela, répondit doucement Daniel.

Laura vit la lueur de tristesse dans le regard de son ami. Quelques semaines auparavant, c'était lui qui décidait où et quand il concourait avec son cheval. Et maintenant qu'Ambre était morte...

— Tiens, tu veux bien t'occuper de Magie Blanche ? demanda Angela en lui tendant les rênes de son cheval. Tu seras gentil.

Et elle s'éloigna vers la maison.

Laura se retourna vers Daniel. Angela avait toujours besoin de donner des ordres. Mais Daniel avait pris le pli : il sourit à Laura et lui fit signe de ne pas s'inquiéter. Laura lui rendit son sourire et rejoignit celle qu'elle ne voulait pas appeler son « amie ».

— Thé glacé pour toi aussi ? proposa celle-ci.

— Impecc'.

Angela les servit, puis elle se tourna vers Laura.

— Bon, les chevaux, c'est bien joli, mais la vraie vie, c'est plus intéressant, non ? Alors, raconte : comment ça se passe avec Ted ?

Laura grimaça :

— Tout va bien.

— Mais encore ? Des détails !

— Désolée, c'est entre Ted et moi.

Angela ricana :

— Ouh, la cachottière ! Et Matt et moi, tu ne me demandes pas des nouvelles ?

— Ça ne me regarde pas. Et puis... j'ai vu Matt, hier.

— Non ! Il allait comment ?

— Ça avait l'air d'aller...

— Il a parlé de moi ?

— C'est possible.

Angela soupira :

— Laura, je sais que tu ne me diras pas ce que Matt a pu te raconter à mon sujet. Et je sais aussi que c'est ma faute si on a cassé. Je me rends compte que, parfois, je n'étais pas hyper sympa avec lui. Souvent, même. C'était plus fort que moi. Et pourtant... Pourtant, il me manque tellement...

Des larmes brillèrent dans ses yeux quand elle demanda :

— Tu penses qu'il y a une chance pour... pour qu'il revienne ?

Laura se tut. Que répondre ? Comment connaître les sentiments des autres ? Les écouter parler n'était pas suffisant pour savoir ce qu'ils éprouvaient vraiment.

— Je n'en ai aucune idée, lâcha-t-elle. Ce dont je suis sûre, c'est que, quand tout semble fini, il y a souvent un nouveau départ, un recommencement. Et il y en aura un pour toi, Angela, avec ou sans Matt. J'en suis convaincue. Pour le reste...

Angela rejeta ses cheveux dorés en arrière et sourit :

— Tu parles comme un vieux sage indien ! plaisanta-t-elle sans méchanceté. Mais le pire, c'est que tu dois avoir raison...

Laura ne trouva rien à répondre. Elle n'avait pas l'habitude de voir Angela dans cet état. La jeune fille paraissait triste et perdue. Laura finit son thé glacé et se leva :

— Bon, cette fois, il faut que j'y aille.

Angela se leva à son tour et passa devant elle pour lui ouvrir la porte.

— Merci d'être venue, Laura, soufflat-elle.

Puis elle reprit son visage décidé pour crier d'une voix qui ne souffrait aucune réplique :

— David ! Tu veux ramener Laura à Heartland, s'il te plaît ?

Ouf ! Laura retrouvait l'Angela qu'elle connaissait !

15

Le lendemain matin, Laura se réveilla à l'aube. L'escapade de Boxer lui avait donné une idée. Elle passa son jean et un sweat puis se rendit auprès du poney. Elle lui mit la bride qu'il avait quand il était arrivé et la selle que Ruth avait laissée. Elle constata qu'il n'avait mangé que la moitié de la ration qu'on lui avait mise.

— Tu n'es pas au mieux de ta forme, pas vrai ? Mais quelque chose me dit qu'une petite promenade te ferait du bien.

Laura monta sur la selle. C'était une selle de cow-boy. La jeune fille prit les rênes dans la main droite. Elle n'était pas une spécialiste ; cependant, elle connaissait les bases de cette technique de monte. Les chevaux étaient habitués à être dirigés d'une main, ce qui permettait au cow-boy de se servir de l'autre pour tirer une corde ou manier son lasso.

Elle ordonna à Boxer d'avancer. Celui-ci obéit. Dans la lueur livide du petit matin, des gouttelettes de rosée scintillaient sur l'herbe verte. Les premiers rayons du soleil pointaient à l'horizon. Laura sourit. Elle adorait ce moment. Boxer n'était pas sensible à sa poésie : il avait compris le but de sa promenade et pressait le pas pour rejoindre au plus vite le troupeau de vaches. Car c'est là que le conduisait Laura. La jeune fille était certaine que le poney retrouverait sa joie de vivre si on le mettait au contact des animaux, comme il en avait l'habitude.

Elle le laissa observer le bétail un long moment, puis le ramena à Heartland. Lorsqu'ils arrivèrent à l'écurie, John était déjà au travail. Laura l'aida à balayer la cour, puis elle sortit la plupart des chevaux dans l'enclos.

— Laura ! appela Lou depuis la maison.

— Oui ?

— Ruth vient de téléphoner.

— Pourquoi ?

— Elle a dit qu'elle voulait te parler.

— À quel sujet ?

— Elle n'a pas précisé. Elle a juste demandé que tu la rappelles dès que possible.

Laura ôta ses bottes et rentra pour téléphoner. Ruth décrocha immédiatement.

— Laura, Martha m'a informée que tu étais venue voir Henry.

— C'est vrai.

— Je peux savoir ce que vous vous êtes dit ?

Le ton de Ruth était glacial. Laura fit attention à bien formuler sa réponse :

— On a parlé de Boxer. Comme vous le savez, il ne va pas bien. Henry lui manque beaucoup. Je ne veux surtout pas me mêler de ce qui ne me regarde pas, mais je pensais que, peut-être, je trouverais un indice pour aider Boxer...

— Et les gens, Laura ? Est-ce que tu penses parfois aux gens, ou est-ce que seuls tes amis les poneys comptent pour toi ?

— Ruth, je suis désolée si...

— Ce n'est pas la question. Je me fiche

de savoir si tu es désolée ou ravie. En revanche, je tiens à te rappeler que j'ai mis Boxer en pension à Heartland pour qu'il soit soigné correctement, pas pour recevoir en mon absence la visite d'un kidnappeur ou d'une petite fouine. Ma vie privée et celle de mon père ne te regardent pas. Est-ce que je suis claire ?

— Très claire. Mais vous ne pouvez pas tout séparer. Si vous voulez que je soigne correctement Boxer, il faut que je puisse comprendre son problème. Et son problème n'est pas en lui. Il est dans la relation qu'il entretenait avec votre père. Je pense qu'aider l'un, c'est aussi aider l'autre, et...

Bip ! Bip ! Bip !

Ruth avait raccroché.

Laura inspira profondément. Elle avait été maladroite. Ruth avait raison. Elle s'immisçait dans sa vie privée. Elle reposa le combiné puis décida de rappeler aussitôt. Elle tomba sur le répondeur :

— Ici la ferme de Saddleback. Laissez un message après le bip et nous vous rappellerons. À bientôt !

— Ruth, c'est Laura. Je voulais juste

m'excuser pour... pour ce que j'ai dit. C'était déplacé, je m'en rends compte. Excusez-moi.

Lou rentra dans la pièce au moment où Laura raccrochait.

— Alors, qu'est-ce qu'elle voulait ?

— Oh, Lou... Je crois que j'ai commis une bourde terrible...

— Quelle bourde ?

— Je... Non, je t'expliquerai plus tard, c'est trop compliqué.

Elle sortit en courant vers l'écurie. Ted était en train de faire travailler Spring. Quand il sentit la présence de la jeune fille, il se retourna et lui sourit :

— Je n'en ai pas pour longtemps.

— Finis, finis...

Quelques instants plus tard, Ted félicita Spring pour ses progrès et sortit de sa stalle.

— Qu'est-ce qui se passe ? demanda-t-il à Laura.

— Je... J'ai froissé Ruth, lâcha-t-elle.

Puis elle lui résuma la conversation qu'elle venait d'avoir avec la fille de Henry, avant de conclure :

— Tu sais, quand tu m'as montré que je

n'aimais pas Ruth... tu avais vu juste. Je me suis comportée comme une idiote – une idiote agressive, en plus.

— Laura, ne sois pas si dure avec toi ! dit Ted d'une voix douce.

Il lui prit les mains et les serra tendrement.

— Ruth est malheureuse, continua-t-il. La santé de son père est en train de se dégrader devant ses yeux. C'est certainement très dur, pour elle. Et elle réagit à sa façon : elle essaye de se protéger du regard des autres. C'est pourquoi elle veut que tu la laisses tranquille. En plus, elle se sent sûrement coupable d'avoir mis Boxer en pension. Mais tu ne dois pas t'en vouloir.

— Ted, quand même, j'ai...

— Je sais, Laura, je sais. Et je sais aussi que tu es droite, que tu t'efforces de voir les qualités de chacun, que tu ne t'énerves pas souvent sans raison. Seulement voilà : c'est difficile d'aimer les personnes qui ne s'aiment pas elles-mêmes...

Laura serra à son tour les mains de son ami :

— J'ai laissé un mot d'excuse sur son répondeur.

— Tu as bien fait.

— Et tout à l'heure, j'ai emmené Boxer voir le troupeau de vaches. Il ne voulait pas revenir dans sa stalle. C'est plutôt bon signe !

— En plus, ça a l'air de marcher : j'ai jeté un œil sur lui avant de m'occuper de Spring, et il avait mangé un peu plus que d'habitude.

Laura sourit :

— Il ne va pas guérir du jour au lendemain, mais quelque chose me dit qu'on est sur la bonne voie !

16

Les jours suivants, Laura travailla comme un forçat. Elle se leva aux aurores pour conduire Boxer auprès des vaches. Désormais, le poney l'attendait quand elle arrivait. Il avait retrouvé une raison de vivre !

Mais il n'y avait pas que Boxer, dans l'écurie ! Laura devait aussi aider Dylan à faire ses exercices, monter Major régulièrement, vérifier les progrès de Spring... et entraîner Summer Storm pour le concours de Melton. Malheureusement, elle n'avait guère de temps à consacrer à son cheval préféré : c'était bien le bout du monde si elle trouvait un moment pour le sortir un peu chaque fin d'après-midi !

— Tu devrais t'occuper de Storm aujourd'hui, lui suggéra Ted dimanche. J'ai l'impression qu'il serait ravi que tu lui consacres une belle séance.

Laura grimaça :

— Moi aussi, je serais ravie. Le problème, c'est que...

— Il n'y a pas de problème.

— Mais Major...

— Je m'en charge : j'ai fini ce que j'avais à faire.

— Et Spring...

— Je passerai le voir après Major.

— Mais...

— Stooooop ! Tu vas t'occuper de Summer Storm ou je dois me fâcher ?

Laura sourit.

— Merci, Ted, lâcha-t-elle.

Le jeune homme l'embrassa sur le front.

Ainsi, Laura put à la fois préparer son concours et passer enfin quelques instants agréables en montant son beau cheval bai. Lorsqu'elle eut terminé, Lou l'appela : quelqu'un voulait lui parler. Laura entra dans la maison. Ruth était au salon.

— Ruth, j'espère que vous avez eu mon mess..., commença Laura.

— Laura, je suis venue te dire que..., dit Ruth en même temps.

Les deux s'interrompirent en riant nerveusement.

— J'espère que vous avez accepté mes excuses, reprit la jeune fille, le cœur serré. Je m'en suis tellement voulu, après votre coup de fil !

— J'ai bien eu ton message. Et j'ai beaucoup réfléchi. Je suis venue m'excuser, moi aussi.

Laura la regarda. Elle était stupéfaite : elle s'attendait plutôt à ce que Ruth lui passe un savon !

— Alzheimer est une horrible maladie, tu sais...

— Grand-père m'a un peu expliqué...

Ruth hocha la tête :

— Alors peut-être que tu m'as un peu comprise... Au début, mon père a refusé d'admettre qu'il était atteint. C'était un homme fier et il ne voulait pas accepter sa maladie. Il mettait deux T-shirts l'un sur l'autre sans s'en rendre compte. Quand je le lui signalais, il partait dans des colères folles. Il perdait ses affaires et m'accusait de les lui cacher. Il hurlait de rage.

Laura pensa au visage si doux du vieil homme. Ruth le devina :

— Difficile à croire, aujourd'hui, n'est-ce pas ? Et pourtant... Pourtant, il était comme ça. Il avait sa fierté. C'était un homme fort, décidé. Ma mère était plutôt réservée. Elle aimait lire. Elle est morte quand j'avais dix-sept ans.

« Voilà pourquoi Henry n'en parle jamais... », songea Laura.

— Notre ferme de Saddleback était mal en point, continua Ruth, pourtant mon père s'est toujours débrouillé pour que je puisse étudier, aller au lycée, à la faculté. Bien sûr, quand je revenais à la maison, il fallait que j'aide aux travaux des champs. Nous n'avions pas les moyens d'avoir des employés. Il y avait donc toujours quelque chose à faire. Nous ne sortions pas. Nous ne recevions presque pas de visites. Nous vivions seuls...

Ruth se mordit les lèvres. Laura essaya de l'aider :

— Quand votre père a commencé à être malade...

— Je ne voulais rien changer. Je me disais qu'en redoublant d'efforts, je réussirais à faire en sorte que tout continue comme avant. Mais j'étais incapable de prendre soin des vaches. Je les ai vendues. Papa a piqué une de ces colères... Pour Boxer, je n'ai pas eu le cœur de le vendre. J'ai trouvé Martha, et elle m'a beaucoup soulagée.

Ruth se tut, respira fortement, puis reprit :

— Plus le temps passait, moins mon père s'énervait. J'ai cru qu'il n'était plus attaché à rien. Pas même à Boxer. Comme j'étais très prise par mon travail, je ne pouvais plus le soigner comme d'habitude. Embaucher quelqu'un pour s'occuper du poney, c'était hors de question : je devais déjà payer Martha. En plus, j'ai cru que papa ne s'apercevrait même pas de son départ...

— Parce que pour vous, Boxer n'est qu'un animal ? suggéra Laura sans agressivité.

Ruth ferma les yeux avant de répondre :

— Oui, excuse-moi, mais oui, il y a de ça.

Laura se leva :

— Ne vous inquiétez pas. Ici, Boxer est entre de bonnes mains. Venez le voir.

— Qui ?

— Boxer, évidemment !

Laura entraîna Ruth vers le paddock. Elle croisa Ted.

— On va rendre une petite visite à Boxer, lui expliqua-t-elle.

— Je vous accompagne.

Boxer broutait, un peu à l'écart des autres chevaux. Depuis quelques jours, il mangeait davantage et semblait moins maigre. Laura alla le chercher et l'approcha de Ruth. Ted tendit de la menthe à la femme :

— Donnez-lui ça.

Ruth approcha la menthe de Boxer. Le poney l'accepta. Il la mâchonna, puis se mit à sentir Ruth. Il soupira doucement et avança la tête pour la frotter contre la femme.

— Il vous reconnaît, commenta Laura.

— Comment... comment peux-tu être aussi affirmative ? Ce n'est qu'un poney, après tout... Il est content que je lui ai donné à manger, mais...

— Il ne fait cela avec personne d'autre. Pour lui, vous êtes unique.

— Je ne savais pas que les chevaux étaient capables de...

— De reconnaître leurs maîtres ? compléta Ted. Eh si ! Ils sont capables de toute sorte de sentiments, comme nous. Ils s'attachent aux gens et aux choses, et ils nous le prouvent sans cesse.

— Je vois... murmura Ruth en grattouillant le chanfrein de Boxer. Peut-être que vous avez raison, tous les deux. Peut-être que je devrais amener Henry. Dimanche prochain, ce serait possible ?

— Bien sûr !

Ruth ne tarda pas à partir, après avoir remercié Ted et Laura pour ce qu'ils avaient fait pour Boxer, Henry... et elle.

— Bravo, Laura, dit Ted quand Mlle Adams fut repartie. Parfois, quand les gens souffrent, il faut savoir prendre l'initiative et les bousculer. D'ailleurs...

— Oui ?

— Je suis resté trop longtemps enfermé

dans ma souffrance. J'ai voulu protéger ma mère, mais aujourd'hui, je pense que c'est *moi* que j'ai voulu protéger ainsi, sans m'en rendre compte. J'ai peut-être eu tort, je le reconnais... Laura, est-ce que tu accepterais de rencontrer ma mère dimanche prochain, dans l'après-midi ?

Pour seule réponse, la jeune fille se serra contre Ted. Cela valait tous les « oui » de la terre !

17

Le samedi suivant, Laura se rendit compte qu'elle n'avait reçu aucune nouvelle d'Angela. Pas un coup de fil pour la tenir au courant de ses progrès, pas une visite, rien. Elle s'en plaignit à Soraya, qui l'accompagnait au jumping, avec John :

— Elle abuse, quand même, tu ne trouves pas ?

— Wou-ouh, Laura ! s'écria Soraya. Réveille-toi ! Tu parles d'Angela Gorst, la fille la plus égoïste du monde !

— Peut-être. Mais j'avais l'impression que... qu'elle s'était rendu compte de la méchanceté de son comportement... qu'elle avait changé...

— Pfff...

Soraya se tourna vers John, qui conduisait le van :

— Qu'est-ce qu'on va pouvoir faire pour elle, tu peux me le dire ? Elle est incorrigible. Elle croit encore qu'Angela Gorst est un petit ange en puissance !

Laura grimaça. Soraya avait raison. Angela ne changerait sans doute pas. Par contre, sa relation avec Magie Blanche pouvait changer. Et si Laura avait contribué à la modifier, alors elle avait eu raison d'accepter de travailler pour son ennemie.

Arrivée à Melton, Laura aida Summer Storm et Rainbow à descendre du van, récupéra son dossard, échauffa son cheval et se présenta au départ du premier tour du jumping junior avec un mental de vainqueur. Visiblement, Storm était dans le même état d'esprit.

Une fois en piste, il aborda chaque obstacle comme si sa vie en dépendait. Il l'effaça avec détermination, sans efforts excessifs, privilégiant la précision du saut et non les démonstrations de force. Le public ne s'y trompa pas : il accueillit le sans-faute du cheval bai par une salve nourrie d'applaudissements. La beauté de l'animal, sa puissance et l'évident savoir-faire de sa cavalière montraient clairement qu'il faisait partie des favoris. Il faudrait compter sur lui au deuxième tour.

La concurrente suivante n'était autre qu'Angela Gorst. John, qui avait assisté au passage de Laura, lui proposa de s'occuper de Summer Storm pendant qu'elle observait son adversaire et élève. Soraya proposa timidement de l'accompagner. Laura les remercia d'un sourire et reporta son attention sur le manège.

Dès les premières foulées de Magie Blanche, Laura comprit que ses leçons avaient porté leurs fruits. Le cheval avait retrouvé son calme et sa sérénité. Angela était plus souple, moins contractée. Elle accompagnait bien le mouvement de sa monture... et elle réussit un sans-faute impressionnant de facilité.

— C'était super ! la félicita Laura à la sortie du manège.

— Tu veux laisser ma fille tranquille ? aboya Valery Gorst, sortant de nulle part.

— Pardon ?

— À Yellow Sun, la compétition passe avant tout. Nous sommes là pour gagner, pas pour participer. Nos concurrents ont besoin de concentration. Je sais que, à Heartland, c'est quelque chose qui vous dépasse, mais si tu veux jacasser avec Angela, tu attendras la fin du concours, d'accord ?

Laura se tourna vers Angela pour qu'elle la défende. Mais celle-ci avait déjà fait demi-tour et suivait sa mère qui s'éloignait d'un pas décidé.

— Normal, murmura Soraya, qui venait de la rejoindre.

— Non mais tu as vu comment elle m'a traitée ?

— Ne t'énerve pas, Laura, elle n'en vaut vraiment pas la peine.

— C'est quand même grâce à mon aide qu'elle a renoué avec Magie Blanche, et elle ne me...

— Laura, souffla John qui arrivait à son tour, tu sais comment tu vas lui clouer le bec ?

— Non ?

— En gagnant ce concours.

Laura opina :

— Tu as raison... Mais bon, ça n'empêche : quelle... quelle... Zut ! je ne trouve pas le bon mot !

— Quelle Angela, tout simplement ! proposa Soraya.

Summer Storm hennit bruyamment.

— D'accord, d'accord, on va s'échauffer, mon tout beau, lui dit Laura.

Elle laissa ses amis. Ceux-ci ne semblaient pas mécontents de se retrouver de nouveau entre eux. Quant à elle, elle avait besoin de se concentrer. Elle entraîna Storm vers le manège d'échauffement. Là, elle aperçut Valery Gorst qui criait des instructions à sa fille :

— Ta cravache ! Sers-toi de ta cravache !

Laura remarqua qu'Angela, le visage tendu, semblait s'être brusquement crispée.

« Ce n'est pas une mauvaise nouvelle pour moi ; par contre pour Magie Blanche, ce n'est pas bon... »

Elle secoua la tête et s'efforça de faire le vide. Lorsqu'elle sentit qu'elle était concentrée à cent pour cent sur son deuxième tour, elle échauffa Storm et alla observer le parcours. Neuf cavaliers étaient en lice. Laura passait en troisième. Le premier candidat réussit un sans-faute timide : ne prenant aucun risque, il conduisit son cheval trop lentement pour espérer remporter le jumping. Laura repéra un raccourci qu'elle pouvait prendre entre le troisième et le quatrième saut à condition de réussir à faire pivoter Storm en un éclair. Le deuxième concurrent ne s'y risqua pas... ce qui ne l'empêcha pas de récolter quatre points de pénalité. Et ce fut le tour de Laura.

Au premier obstacle, Storm commit une erreur : en pliant ses antérieurs, il toucha la barrière. Par chance, la barre supérieure trembla mais ne tomba pas. Laura poussa un soupir de soulagement.

— Allez, bonhomme, plus d'erreur comme celle-là, hein ? murmura-t-elle à son cheval.

Storm retint la leçon. Il aborda le deuxième obstacle avec une attention redoublée, et l'obstacle ne fut qu'une formalité. Le troisième aussi, et Laura tenta son coup de poker juste après. Dès que Storm atterrit, elle le fit pivoter et l'obligea à reprendre de la vitesse. Le cheval bondit...

et effaça le quatrième obstacle. Le public poussa un cri de surprise. Le double, la haie et le mur final ne posèrent aucun problème au cheval qui sentait la victoire à portée de sabot. Son chrono arracha des bravos tonitruants aux spectateurs.

— Laura ! s'exclama John. C'était génial !

— N'est-ce pas ? Je sentais qu'il fallait que j'essaye un truc.

— Maintenant, les autres vont devoir prendre ton raccourci... mais ça ne va pas être facile !

— Oui, tous les chevaux ne sont pas aussi agiles que Summer Storm, insista Soraya.

— Et toi, John, comment ça s'est passé ? s'enquit Laura.

— Je me suis planté. Rainbow m'a fait un refus. Entièrement de ma faute : je l'ai mal conduit sur le troisième obstacle. Ou il refusait, ou on se scratchait dans le mur. À la rigueur, je préfère qu'il ait refusé !

— Tu dois être déçu...

— Le problème, c'est que je ne peux m'en prendre qu'à moi-même, et ça, c'est dur à porter, plaisanta le jeune homme. Tu connais ma devise : « Gagne, et si tu ne peux pas gagner, gagne la prochaine fois ! »

— J'espère que tu vas sauver l'honneur de Heartland, Laura ! déclara pompeusement Soraya.

— J'espère aussi... avoua la jeune fille.

Elle s'éloigna pour faire marcher Storm. Ensuite, elle le raccompagna dans son enclos, puis revint assister au passage des derniers concurrents. Juste à temps : c'était le tour d'Angela ! La jeune fille attaqua son passage tambour battant. Laura comprit que Valery était passée par là : le même air pugnace et volontaire se lisait sur les visages de la mère et de la fille. Laura commençait à craindre pour sa victoire. Angela positionna mal son cheval au moment de virer, mais celui-ci, déséquilibré, trouva les ressources pour s'envoler au-dessus du quatrième obstacle.

— Ouais ! Bravo ! hurlèrent les spectateurs.

Angela ne se laissa pas déconcentrer. Elle savait que le plus dur était fait. Son combat contre Laura et Summer Storm se jouait maintenant. Alors, elle agit à l'instinct et, au moment où Magie Blanche prenait son élan pour sauter le cinquième obstacle, elle lui assena un violent coup de cravache. Surpris, le cheval bondit en avant plus vite que prévu... et il percuta la barre supérieure.

Quatre points de pénalité. Yellow Sun était battu.

Les derniers concurrents ne firent pas mieux que Laura. Pour sa deuxième participation, la jeune fille gagnait un concours de saut d'obstacles ! Soraya la prit par la main et l'entraîna dans une macarena endiablée pour fêter la victoire. Elle se mit à chanter à tue-tête :

« *Dále a tu cuerpo alegría, petite Laura,*
car aujourd'hui tu as battu
Yellow Sun et Angela !
Dále a tu cuerpo alegría, petite Laura...
Hé, petite Laura ! »

— Allez, John ! lança Laura au palefrenier. Viens avec nous !

— Ça va pas la tête ? Si vous voulez être ridicules, ce sera sans moi !

Mais il finit par se laisser faire, et les trois amis se rendirent auprès de Storm en dansant, pour lui annoncer la bonne nouvelle : l'écurie Heartland était la meilleure !

18

Le lendemain, Laura était encore tout émue par sa première place. La veille au soir, Grand-père avait organisé une petite fête impromptue pour célébrer l'événement. Même Ted avait serré la jeune fille dans ses bras devant tout le monde ! « Pour quelqu'un qui a peur des marques d'affection en public, et qui en plus déteste les compétitions, il s'améliore ! », avait pensé Laura, ravie.

Pourtant, un moment difficile l'attendait : Ruth allait arriver d'un moment à l'autre avec Henry. La rencontre pouvait très bien se passer comme elle pouvait tourner à la catastrophe.

Lorsque la voiture de Ruth arriva, Henry en sortit et se dirigea aussitôt vers Laura.

— Ah ! Ça fait plaisir de te voir ! lança-t-il. Je crois que Sandy a eu des petits soucis, ces derniers temps...

— Ne vous inquiétez pas pour Sandy, dit Laura. Boxer va bien.

— Boxer va bien ? Poh-poh-poh ! Tant mieux...

Laura adressa un petit signe à Ruth et emmena Henry vers la stalle du poney. Ruth et Ted les suivirent.

— Hé, Boxer ! Tu as de la visite...

Le poney sortit la tête par la porte de son box. Il hennit puissamment en apercevant Henry.

— Mon Boxer, mon petit Boxer..., murmura le vieil homme en serrant la tête du poney contre lui.

Le poney recula pour laisser Henry entrer. Le fermier caressa l'animal puis le palpa de haut en bas, comme s'il cherchait une trace d'inflammation.

— Mais il va bien ! Poh-poh-poh ! Il va très bien ! Qui m'a dit qu'il était blessé ? Sûrement encore cet incapable de Cassius !

Ce vétérinaire me fera le plaisir de ne plus remettre les pieds à la maison. Non mais ! Allez, montre-moi les dents. Là, pas de doute : tu es en bonne santé, mon gaillard.

Il se tourna vers Laura :

— Donne-moi la brosse ! Qu'est-ce que tu attends ? Tu crois que je vais l'étriller avec les doigts, peut-être ?

Il se pencha à l'oreille du poney pour lui chuchoter :

— Ah, là, là ! Ces femmes, j'te jure ! Heureusement qu'on est là, hein, tous les deux !

Laura lui tendit le matériel qu'il réclamait. Le vieil homme se mit à brosser le cheval.

— Ted ? intervint Ruth. Tu peux le surveiller ? J'ai deux mots à dire à Laura.

— Bien sûr...

Ruth et Laura sortirent de l'écurie.

— Tu avais raison. Papa est heureux avec Boxer. Je ne sais pas combien de temps ça va durer. Viendra un moment où son état va encore se dégrader et je crois que, là, Boxer ne sera plus rien pour lui. Mais en attendant...

— Nous garderons Boxer, promit Laura. Et Henry pourra le voir aussi souvent que vous voudrez ou que vous pourrez l'amener.

— Merci, Laura. Merci pour tout.

Ruth et la jeune fille se regardèrent un long moment en silence. Toute leur antipathie avait disparu. Malgré leurs parcours très différents et malgré les difficultés de la vie, elles avaient fini par se comprendre. Main dans la main, très lentement, elles retournèrent dans la stalle de Boxer. Henry avait l'air épuisé. Ted lui parlait doucement.

— On y va, papa ? proposa Ruth.

— Oui-oui-oui, grogna Henry.

Au moment de quitter le box, il se tourna vers son poney et le serra contre lui. Boxer souffla doucement. Le visage du vieil homme se contracta et des larmes coulèrent sur ses joues. Il caressa la crinière de l'animal et, comme la dernière fois, il l'embrassa sur les naseaux.

— Porte-toi bien, Boxer, lui dit-il. Et ne m'oublie pas, s'il te plaît.

Les Adams repartirent peu après.

Ted et Laura allèrent prendre un verre de

jus d'orange dans la cuisine. Lou entra à ce moment-là et attaqua bille en tête :

— Laura, j'ai réfléchi à un truc.

— Mmm ?

— Boxer va rester là un petit moment, non ?

— Oui. J'ai promis à Ruth que, tant qu'il représenterait quelque chose pour Henry, nous le garderions.

— Eh bien... Je pourrais m'en occuper. Il est plutôt doux ?

— Comme un agneau, affirma Laura.

— Alors, je me charge de le promener.

— C'est une super idée, Lou !

Les deux sœurs se sourirent avec tendresse.

— Laura..., appela Ted.

— Oups, j'allais oublier. J'arrive, Ted. À ce soir, Lou !

— Où tu vas ? s'informa Lou.

— Voir la maman de Ted.

— Oh ! C'est sympa ! Elle monte à cheval ?

— Non, avoua Ted.

— Hum, fais attention, dans ce cas, Ted.

Elle pourrait s'y mettre très bientôt : Laura convertirait n'importe qui à l'équitation !

Le palefrenier éclata de rire :

— Ma mère n'est pas du genre à aimer les chevaux... Mais tu as raison, Lou : avec Laura, tous les miracles sont possibles !

Dans la même collection :

Heartland

1. **Je reste !**
2. **Après l'orage...**
3. **Une nouvelle chance ?**
4. **Le prix du risque**
5. **L'impossible retour**
6. **Un jour, tu comprendras...**
7. **Le champion brisé**
8. **Le cœur noué**
9. **Le messager de l'espoir**
10. **Une ombre au tableau**
11. **La vérité... ou presque**

Cet ouvrage a été composé par
PCA - 44400 REZE

Imprimé en France sur Presse Offset par

BRODARD & TAUPIN

GROUPE CPI

La Flèche (Sarthe), le 19-09-2002
N° d'impression : 13972

Dépôt légal : octobre 2002

POCKET jeunesse
12, avenue d'Italie • 75627 PARIS Cedex 13
Tél. : 01.44.16.05.00